ANGELA DAVIS

O SENTIDO DA LIBERDADE
e outros diálogos difíceis

tradução: Heci Regina Candiani

© desta edição, Boitempo, 2022
© Angela Davis, 2012
© apresentação, Robin D. G. Kelly, 2012
Traduzido do original em inglês *The Meaning of Freedom: And Other Difficult Dialogues*
(São Francisco, City Lights, 2012)

Direção-geral Ivana Jinkings
Tradução Heci Regina Candiani
Edição Thais Rimkus
Preparação Denise Pessoa Ribas
Revisão Carolina Hidalgo Castelani
Coordenação de produção Livia Campos
Assistência editorial João Cândido Maia
Capa, aberturas e imagens internas Ronaldo Alves
Diagramação Antonio Kehl

Equipe de apoio Elaine Ramos, Erica Imolene, Frank de Oliveira, Frederico Indiani, Higor Alves, Isabella Meucci, Ivam Oliveira, Kim Doria, Lígia Colares, Luciana Capelli, Marcos Duarte, Marina Valeriano, Marissol Robles, Maurício Barbosa, Pedro Davoglio, Raí Alves, Tulio Candiotto, Uva Costriuba

CIP-BRASIL. CATALOGAÇÃO NA PUBLICAÇÃO
SINDICATO NACIONAL DOS EDITORES DE LIVROS, RJ

D292s

Davis, Angela, 1944-
O sentido da liberdade : e outros diálogos difíceis / Angela Davis ; tradução Heci Regina Candiani ; [apresentação: Robin D. G. Kelley]. - 1. ed. - São Paulo : Boitempo, 2022.

Tradução de: The meaning of freedom
ISBN 978-65-5717-182-0

1. Liberdade. 2. Racismo. 3. Política e governo - Estados Unidos. 4. Estados Unidos - Condições sociais. I. Candiani, Heci Regina. II. Kelley, Robin D. G. III. Título.

22-79929
CDD: 305.80973
CDU: 316.347(73)

Gabriela Faray Ferreira Lopes - Bibliotecária - CRB-7/6643

É vedada a reprodução de qualquer
parte deste livro sem a expressa autorização da editora.

1ª edição: outubro de 2022

BOITEMPO
Jinkings Editores Associados Ltda.
Rua Pereira Leite, 373
05442-000 São Paulo SP
Tel./fax: (11) 3875-7250 | 3875-7285
editor@boitempoeditorial.com.br
boitempoeditorial.com.br | blogdaboitempo.com.br
facebook.com/boitempo | twitter.com/editoraboitempo
youtube.com/tvboitempo | instagram.com/boitempo

SUMÁRIO

Apresentação, *por Robin D. G. Kelley* 7

1. Relato do Harlem 15
2. O complexo industrial-prisional 29
3. Raça, crime e punição..45
4. Raça, poder e prisões desde o 11 de Setembro 59
5. Multiculturalismo radical..71
6. A democracia da abolição 85
7. Racismo: passado e presente 97
8. O sentido da liberdade 107
9. Justiça para as comunidades lésbica, gay, bissexual e transgênero 121
10. Reconhecer o racismo na era do neoliberalismo.....................131
11. Democracia, mudança social e engajamento civil....................141
12. Diálogos difíceis 149

Sobre os autores...157

APRESENTAÇÃO

Por Robin D. G. Kelley

Qual é o sentido da liberdade? Toda a vida, a obra e o ativismo de Angela Davis têm sido dedicados a analisar essa pergunta fundamental e a abolir todas as formas de subjugação que têm recusado a liberdade às pessoas oprimidas. Ela se opõe à tradição liberal da filosofia política, tradição essa derivada de Hobbes e outros que compreendem a liberdade como o direito do indivíduo de fazer o que *ele* quiser, sem restrições nem impedimentos, desde que seja permitido pelo Estado. Essa permissão ou essa liberdade "negativa" supervalorizam o direito de deter a posse de uma propriedade, acumular riqueza, defender a propriedade com armas, deslocar-se, expressar-se e participar da política. A concepção de liberdade de Davis é muito mais extensa e radical: a liberdade coletiva; a liberdade de ganhar o sustento e viver uma vida saudável e plenamente realizada; a liberdade de não sofrer violência; a liberdade sexual; a justiça social; a abolição de todas as formas de cativeiro e encarceramento; a liberdade de não sofrer exploração; a liberdade de movimento; a liberdade *como* movimento, como um esforço coletivo pela verdadeira democracia. Para Davis, a liberdade não é algo concedido pelo Estado na forma de lei, decreto ou norma; a liberdade é batalhada, é duramente disputada e transformadora, é um processo participativo que exige novas formas de pensar e de ser. Assim, é bastante apropriado que ela faça parte de um grupo de oito intelectuais de renome que levam a sério a prescrição de Karl Marx de 1845: "Os filósofos apenas interpretaram o mundo de diferentes maneiras; o que importa é transformá-lo"*.

Angela Davis nasceu e foi criada no *apartheid* de Birmingham, Alabama, em condições de extrema e ostensiva ausência de liberdade. Ela cresceu nos anos 1940 e 1950, quando as casas da classe média negra estavam sendo bombardeadas regularmente por supremacistas brancos com as bênçãos e o

---

* Ver Karl Marx e Friedrich Engels, *A ideologia alemã* (trad. Rubens Enderle, Nélio Schneider e Luciano Cavini Martorano, 1. ed., São Paulo, Boitempo, 2007), p. 535. (N. T.)

encorajamento do chefe de polícia Eugene "Bull" Connor e quando a oposição negra ao racismo acabou por conduzir a cidade a um estado de inação. Criada por pais cujos melhores amigos eram membros do Partido Comunista, ela cresceu em meio a uma comunidade em luta. Quando se matriculou na nova-iorquina Elisabeth Irwin High School (apelidada Little Red School House por sua filosofia de tendência esquerdista), em 1959, ela já havia contemplado o sentido da liberdade e compreendido que não se tratava de uma questão de mero exercício acadêmico. A busca pela liberdade a aproximou do filósofo radical Herbert Marcuse, de quem foi aluna na Universidade Brandeis. Também a aproximou dos escritos de Baudelaire, Rimbaud e Jean-Paul Sartre e da França, onde ela estudou. Durante sua permanência em Paris, Davis desenvolveu uma perspectiva ainda mais global da busca pela liberdade ao testemunhar o racismo francês contra as populações norte-africanas e a luta argelina pela libertação. Lamentavelmente, foi na França que ela soube do atentado a bomba na igreja batista da rua 16, em Birmingham, e do assassinato de suas conhecidas de infância Denise McNair, Addie Mae Collins, Carole Robertson e Cynthia Wesley. A morte delas levou-a a abraçar uma vida de luta. Ela soube naquele momento que, ao contrário do que Sartre afirmava, não há liberdade na morte. A liberdade é o direito de viver, a necessidade de lutar.

Davis prosseguiu seus estudos dedicando-se a produzir um conhecimento engajado. Com o apoio e o encorajamento de Marcuse, ela buscou o doutorado em filosofia na Universidade Johann Wolfgang Goethe, em Frankfurt, Alemanha, na intenção de estudar com Theodor Adorno, mas na época ele tinha pouco interesse no conhecimento engajado. (O modelo que a inspirou na Universidade Goethe foi um jovem professor chamado Oskar Negt, que nunca evitou o engajamento político e participou ativamente da Sozialistischer Deutscher Studentenbund [União dos Estudantes Socialistas Alemães, SDS na sigla original].) A Alemanha ocidental era muito distante das localidades que mais importavam para Davis em termos de engajamento, por isso, depois de dois anos, ela retornou aos Estados Unidos a fim de dar continuidade seus estudos sob orientação de Marcuse na Universidade da Califórnia (UCLA), em San Diego.

O ano era 1967, e parecia que todos os grupos discriminados – jovens, mulheres, grupos de minorias étnicas e raciais* – se identificavam com a luta pela

---

* No original, Angela Davis usa a expressão "*of color*", de forte significado histórico nos Estados Unidos, destacando relações étnico-raciais de sub-representação social, política, econômica e

libertação. A liberdade estava no ar, e Davis lançou-se de corpo e alma nesse movimento. O restante da história é bastante conhecido: sua trajetória do Partido dos Panteras Negras à UCLA, o litígio com o governador Ronald Reagan, a Prisão Soledad e a campanha que se seguiu e eternizou a associação de seu nome com a liberdade. Na condição de prisioneira política, ela se tornou o foco de um movimento internacional formado por pessoas que atrelaram a própria liberdade à de Davis, concluindo que "Libertar Angela" era um golpe contra os ostensivos atos de violência estatal e a falta de liberdade que reprimiram os protestos na Convenção Nacional Democrata de 1968*, assassinaram Salvador Allende no Chile e justificaram o lançamento de napalm e herbicidas em aldeias de países tão distantes quanto Vietnã e Moçambique. E assim como outras pessoas da intelectualidade revolucionária – por exemplo, Antonio Gramsci, Malcolm X, Assata Shakur, George Jackson e Mumia Abu-Jamal –, Davis produziu algumas das reflexões críticas mais pungentes sobre liberdade e libertação em sua cela no presídio[1].

O julgamento, a libertação e a luta posterior para encontrar trabalho diante da repressão política contínua apenas reforçaram seu compromisso com o conhecimento engajado, suas explorações do sentido da liberdade e sua política abolicionista radical. Mesmo para quem não tem familiaridade com sua liderança no Partido Comunista dos Estados Unidos, seu papel na fundação dos Comitês de Correspondência para Democracia e Socialismo, da Agenda 2000 e da Resistência Crítica ou seu fértil acervo de produção de conhecimento – da coletânea *Mulheres, raça e classe***, sobre política de reprodução, violência doméstica, estupro, mulheres e capitalismo, e de seu impressionante *Blues Legacies and Black Feminism: Gertrude "Ma" Rainey, Bessie Smith, and Billie Holiday**** [Legados do *blues* e feminismo negro: Gertrude "Ma" Rainey, Bessie

---

cultural. Para exprimir essa ideia, utilizamos aqui – em consonância com outros textos traduzidos da autora – o termo "minorias étnicas e raciais". (N. T.)

* Protestos contra a Guerra do Vietnã realizados em 28 de agosto de 1968, durante a convenção do Partido Democrata para a escolha do candidato a presidente e que foram violentamente reprimidos pela polícia de Chicago. (N. T.)

[1] Dois de seus artigos que transformaram paradigmas foram escritos na prisão, "Reflections on the Black Woman's Role in the Community of Slaves" e "Women and Capitalism: Dialectics of Oppression and Liberation", ambos republicados em Joy James (org.), *The Angela Y. Davis Reader* (Hoboken, Wiley-Blackwell, 1998), p. 111-28 e p. 161-92, respectivamente.

** Angela Davis, *Mulheres, raça e classe* (trad. Heci Regina Candiani, São Paulo, Boitempo, 2016). (N. E.)

*** Idem, *Blues Legacies and Black Feminism: Gertrude "Ma" Rainey, Bessie Smith, and Billie Holiday* (Nova York, Vintage, 1999). (N. E.)

Smith e Billie Holiday], sobre a política da expressão cultural das mulheres negras, até seus manifestos mais recentes preconizando o fim do complexo industrial-prisional, *Estariam as prisões obsoletas?** e *A democracia da abolição***–, os discursos publicados aqui demonstram que ela tem razão.

Proferidas entre 1994 e 2009, essas palestras revelam o avanço da crítica de Davis ao Estado carcerário, apresentando uma análise nova sobre racismo, gênero, sexualidade, capitalismo global e neoliberalismo, dando respostas às várias crises das duas últimas décadas e sempre convidando seu público a imaginar um futuro radicalmente diferente. Esses textos demonstram em que medida ela permanece uma pensadora dialética dedicada. Davis nunca promoveu uma "linha" política, e suas ideias nunca estagnaram. Conforme o mundo muda e as relações de poder se deslocam de um mundo pós-soviético, pós-*apartheid* e pós-Bush para o mítico mundo "pós-racial", ela nos desafia a questionar criticamente nossa história, a lidar com a dinâmica social, política, cultural e econômica do momento e a prestar atenção ao lugar onde as pessoas se encontram. Nos anos 1990, ela contestou o paroquialismo e o conservadorismo progressivo no interior dos movimentos negros; disse para prestarmos atenção ao *hip-hop* e aos suspiros da juventude que se esforçava por encontrar sua voz; e alertou contra a nostalgia dos bons tempos da década de 1960, quando, supostamente, os movimentos de resistência tinham mais influência e era mais fácil reconhecer os inimigos. Davis confronta sistematicamente o complexo industrial-prisional. Retorna com frequência à relação entre a formação das prisões e a demanda capitalista por mão de obra barata, ambas com origens diretas na história e na instituição da escravização nos Estados Unidos. Suas firmes críticas a Foucault e demais especialistas na teoria e na história do nascimento da prisão revelam a centralidade da raça no processo de criação do Estado carcerário no Ocidente. Para ela, o questionamento crítico está centrado em como as pessoas negras foram criminalizadas e como essa ideologia determinou a negação de seus direitos básicos de cidadania. Como, em sua maioria, especialistas em prisões concentram-se em temas como reforma, punição, disciplina e trabalho no contexto do capitalismo, as discussões sobre a produção de corpos encarcerados geralmente minimizam a questão racial ou a relegam ao segundo plano.

---

* Idem, *Estariam as prisões obsoletas?* (trad. Marina Vargas, 5. ed., São Paulo, Difel, 2018). (N. E.)
** Idem, *A democracia da abolição: para além do império, das prisões e da tortura* (trad. Artur Neves Teixeira, 4. ed., São Paulo, Difel, 2019). (N. E.)

Embora os discursos anteriores de Davis, e muitos dos posteriores, não pudessem antecipar a eleição de Barack Obama, todas as palavras dela são extremamente prescientes e relevantes. Em sua maioria, especialistas e comentaristas logo declararam, em tom vitorioso, que a ascensão de Obama à Presidência marcava o fim do racismo. A neutralidade racial triunfou, assunto encerrado. Aliás, não há necessidade de invocar a palavra que começa com "r". Além do mais, Obama foi retratado sob uma luz tão heroica e sua vitória tratada com tanta relevância simbólica para a comunidade afro-estadunidense que criticar ou desafiar o presidente é muitas vezes considerado por democratas liberais (em especial as pessoas negras) um ato de deslealdade. Mas, como disse Davis em um de seus discursos: "Não estamos nem há dois anos sob a presidência de Clinton, e parece que nos esquecemos de como organizar as massas em movimentos de resistência. Muitas pessoas negras se sentem obrigadas a ficar ao lado de Clinton nos bons e nos maus momentos, não é? Parecemos ter sucumbido a algum tipo de amnésia histórica". E novamente, em 2009, quando Obama dá continuidade a uma versão dos tribunais militares de Bush, decide manter alguns dos detentos do 11 de Setembro indefinidamente sob custódia, intensifica a guerra no Afeganistão, evita processar militares estadunidenses responsáveis por tortura, continua a socorrer bancos e promove oficinas de cuidados parentais em vez de restaurar a assistência pública federal à população empobrecida, parece que estamos sofrendo de amnésia recorrente. Obama prometeu levar-nos de volta aos bons e velhos tempos em que os democratas ocuparam a Casa Branca; contudo, como Davis nos lembra, as principais prioridades do presidente Clinton foram o projeto de lei anticrime e a eliminação de políticas de bem-estar social; não houve debate sobre pleno emprego nem criação de postos de trabalho. Ela também nos faz recordar que foi a senadora democrata Carol Moseley Braun que apresentou o dispositivo para julgar jovens adolescentes como adultos, contribuindo, assim, para elevar o número de crianças nos sistemas penitenciários estadual e federal.

Além do mais, Davis vem contestando há muito tempo as alegações neoliberais de que nos convertemos em uma sociedade racialmente neutra. Ela nos lembra de que quaisquer surtos de racismo flagrante e explícito "agora são tratados como irregularidades individuais e privadas, a ser solucionadas punindo e reeducando os indivíduos, ensinando a eles a neutralidade racial, instruindo-os a não perceber o fenômeno da raça". Em um único golpe, instituições sociais e práticas estatais são eximidas de responsabilidade. Nosso risco, adverte Davis, é que a grande maioria continua a ignorar o fato de que o aumento dramático de pessoas de minorias étnicas e raciais trancadas em jaulas é uma manifestação de formas institucionais de racismo – que vão desde as desigualdades nas penas mínimas obrigatórias até a guerra às drogas, a filtragem racial e a discriminação no recrutamento para empregos, para citar apenas algumas.

Sem nunca se esquivar de posições impopulares, Davis oferece uma crítica brilhante e oportuna da luta de grupos subjugados por igualdade. Qual é o sentido, por exemplo, de gays e lésbicas reivindicarem o direito de integrar as forças armadas e atuar em todas as funções sem que haja uma crítica ao sexismo e à homofobia, inerentes e profundamente arraigados à instituição? Ela faz a mesma pergunta em relação ao casamento – uma coisa é desafiar toda e qualquer barreira discriminatória; outra é questionar a instituição em si. Agora, a pressão para legalizar o casamento homoafetivo aumenta depressa, mas em 2008 Davis já explicava ao público em Boulder, Colorado:

> As estruturas da heteronormatividade, e as várias violências que tais estruturas e discursos acarretam, não necessariamente desaparecem quando a sexualidade dos participantes é alterada. Não estou sugerindo que não reivindiquemos o direito de gays e lésbicas de engajar-se nessa prática, mas também temos de refletir sobre a instituição em si. É uma instituição econômica. Trata-se de propriedade. Não se trata de relações! Nem de relações humanas, nem de relações íntimas.

Por fim, devemos atestar que, após o 11 de Setembro, quando muitas pessoas da esquerda apoiaram abertamente a Guerra do Afeganistão e abrandaram seu posicionamento em relação à política militar dos Estados Unidos, a posição de Davis nunca oscilou. Desde o princípio, ela apresentou críticas cáusticas à guerra ao terror de Cheney e Bush, embora essa fosse uma posição impopular a ser assumida logo após os ataques ao Pentágono e ao World Trade Center. Davis criticou a erosão das liberdades civis, o viés racial das abordagens de segurança pública de árabes, muçulmanos e sul-asiáticos e a imposição de um "Estado de segurança" opressivo e incitado pela disseminação do medo. Ela questionou a virada patriótica, o ressurgimento do nacionalismo e de todas as suas armadilhas patriarcais. E pergunta: "Nação, por quê?". A nação é constituída por exclusão, e depois do 11 de Setembro os "americanos" não foram incentivados a se identificar com outros povos de fora do país, com as vítimas de tortura, com iraquianos, com africanos e asiáticos, com outros que também poderiam ter sofrido com as consequências do 11 de Setembro. Infelizmente, apesar de afirmar que é um "cidadão do mundo", o presidente Obama também invocou "a nação em primeiro lugar" e pôs em marcha uma política externa que não é radicalmente diferente daquela de seus antecessores. Ele continua a apoiar uma versão mais suave das políticas expansionistas, neoliberais e militaristas que impulsionaram o último meio século da política externa dos Estados Unidos e com certeza não pretende restringir o poder militar estadunidense.

Contrariando as expectativas, a eleição de Obama teve, no início, o efeito de quase remover os movimentos sociais de nosso discurso público. Embora a organização popular tenha possibilitado sua eleição, todas as nossas discussões nacionais sobre a formulação de políticas se concentram na tomada de decisão individual por parte do presidente, excluindo as demandas dos grupos discriminados. Isso também afeta a maneira como a história é concebida na consciência popular: o New Deal da década de 1930, a fundação do Estado de bem-estar social, agora é tratado como uma criação de Franklin Delano Roosevelt, não como produto das lutas entre capital, classe trabalhadora, organizações de direitos civis, comunistas, socialistas, feministas e a população desempregada. Da mesma forma como Abraham Lincoln, mais um *alter ego* de Obama, é representado publicamente como o homem que, sozinho, pôs fim à instituição da escravização neste país. Até mesmo Lyndon Johnson recebe o crédito por nos conceder a Lei dos Direitos Civis, de 1964. Em todos os casos, o que produz mudanças radicais na sociedade é, supostamente, a associação entre grandes homens e a lei, não os movimentos sociais, não a imaginação e as ações de pessoas comuns. Mas Davis adverte mais uma vez contra a fetichização da lei como marcador de liberdade. Ela lembra que a 13ª emenda não aboliu a escravização nem todas as formas de trabalho forçado. Embora o presidente Obama caracterize os Estados Unidos como "nação de leis", as leis não produzem nem garantem a liberdade.

Ainda precisamos de abolicionistas. E ainda precisamos de uma população empenhada em se organizar, se mobilizar e desafiar a injustiça com movimentos de transformação. O ano 2011 pareceu engendrar exatamente isso: uma nova onda de revoltas globais, rebeliões, motins, organização e movimentos de massa. Nos Estados Unidos, a onda tomou forma no surgimento inesperado do movimento Occupy, e, desde que os primeiros manifestantes se estabeleceram no Zuccotti Park, em Nova York, Angela Davis tem sido uma porta-voz poderosa e presente do movimento. De Nova York à Filadélfia, de Oakland a

Berlim, o microfone humano projetou suas palavras para multidões indignadas que se opõem à ascensão de Wall Street e à privatização do que resta de nossas instituições públicas. Davis lembra a participantes do movimento Occupy que, em nossos esforços por responsabilizar Wall Street pelo colapso econômico, não devemos perder de vista o objetivo maior: uma nova sociedade. A cada discurso, ela vislumbra a liberdade de formas diametralmente opostas às dos Friedrich von Hayeks, Milton Friedmans e Larry Summers do mundo – a visão de uma comunidade inclusiva, fundada na justiça e na igualdade; em educação, saúde e habitação; e na abolição do Estado carcerário/policial. Ela também alertou as multidões de que tal visão de liberdade coletiva requer uma concepção radical de comunidade. Uma coisa é reunir-se em parques e praças públicas, nas ruas e nos saguões do Congresso. Outra coisa é permanecer junto e recriar relações uns com os outros. "Nossa unidade deve ser complexa", Davis costuma dizer ao se dirigir às reuniões do Occupy. "Nossa unidade deve ser emancipatória. Não pode ser simplista e opressiva." Em outras palavras, a liberdade é um processo de devir, de ser capaz de perceber e compreender a diferença dentro da unidade e de resistir à tendência de reproduzir as hierarquias entranhadas no mundo que queremos transformar.

Em última análise, os discursos aqui reunidos são atuais e atemporais. Eles incorporam a visão radical e única de Angela Davis sobre a sociedade que precisamos construir e o caminho para chegar lá. Ela ainda acredita nos movimentos sociais, no poder das pessoas para transformar a sociedade e em um rumo não capitalista. Como ela disse a uma plateia em 2005, a nação e o mundo estão cheios de

> pessoas que não têm medo de sonhar com a possibilidade de um mundo melhor. Elas dizem que uma ordem econômica não exploradora, não racista e democrática é possível. Dizem que novas relações sociais – que não conectem os seres humanos ao redor do globo por meio de mercadorias que alguns produzem e outros consomem, mas pela igualdade, pela solidariedade, pela cooperação e pelo respeito – são possíveis".

Então, vocês que estão aí e não têm medo de sonhar, que desejam acabar com todas as formas de ocupação militar, de dominação, hierarquia e opressão corporativas: ouçam, leiam e sigam o chamado.

RELATO DO HARLEM

Universidade Columbia, Nova York
9 de setembro de 1994

Gostaria de agradecer ao Instituto de Pesquisa em Estudos Afro-Estadunidenses por ter reunido um grupo surpreendente de ativistas e intelectuais, pessoas negras não apenas de todo o país, mas de todo o mundo: África, Europa, Caribe. Temos como encargo a tarefa de refletir coletivamente sobre as implicações teóricas e práticas das agendas políticas abraçadas pelas comunidades negras ao longo dessa última década do século XX.

A NEGOCIAÇÃO DAS TRANSFORMAÇÕES DA HISTÓRIA

É bom estar no Harlem no trigésimo aniversário do Freedom Summer*, um dos momentos mais extraordinários da história da luta pela liberdade negra. Muitos de nós (ao menos de minha geração e das mais velhas) tendem a olhar para trás com nostalgia. Às vezes, nós, ativistas veteranos, simplesmente ansiamos pelos bons velhos tempos, em vez de nos prepararmos para confrontar, com coragem, um mundo drasticamente transformado que apresenta desafios novos e mais complicados. Evocamos uma época em que massas de pessoas negras, latinas, indígenas e asiático-estadunidenses, juntamente com nossas aliadas brancas, estavam mobilizadas, determinadas a mudar o curso da história. Mas, em vez de enxergarmos as lutas do passado como fontes de inspiração

---

* Freedom Summer, em português Verão da Liberdade, nome pelo qual ficou conhecida uma campanha voluntária voltada para a população afro-estadunidense do Mississippi realizada em junho de 1964. O objetivo da campanha era aumentar o eleitorado negro na região, oferecendo ajuda de estudantes e profissionais para garantir o preenchimento correto da documentação de registro para votação. O preenchimento incorreto dos formulários levava muitas pessoas negras a terem seus registros eleitorais negados. Organizações supremacistas como a Ku Klux Klan reagiram com ataques a bomba e espancamentos, causando quatro mortes e centenas de prisões. (N. T.)

que nos impelem a conceber abordagens inovadoras aos problemas contemporâneos, muitas vezes substituímos a consciência histórica por uma nostalgia desesperada, permitindo que o passado se torne um repositório dos desejos políticos do presente. Permitimos que o presente seja capturado pelo passado.

Mais de uma vez ouvi pessoas dizerem: "Se ao menos um novo Partido dos Panteras Negras pudesse ser organizado, então conseguiríamos lidar seriamente com o Homem, sabe?". Mas imaginem que disséssemos: "Não há mais o Homem". Há sofrimento. Há opressão. Há um racismo apavorante. Mas esse racismo não vem do mítico "Homem". Mais que isso, ele está entrelaçado ao sexismo, à homofobia e a uma exploração de classe sem precedentes, ligada a um capitalismo ameaçadoramente globalizado. Precisamos de novas ideias e novas estratégias que nos levem ao século XXI.

O que estou sugerindo é que nós, que somos pessoas mais velhas, temos de parar de agir como mediadoras. Não podemos definir idade, direitos civis ou experiência no movimento *black power* como os principais critérios de liderança política negra radical hoje. Quantos anos tinha dr. Martin Luther King quando se tornou o porta-voz do boicote aos ônibus de Montgomery? Ele tinha 26 anos. Quantos anos tinha Diane Nash? Quantos anos tinha Huey Newton? Fidel Castro? Nelson Mandela? Amílcar Cabral? Jacqueline Creft? Maurice Bishop? No que me diz respeito, eu tinha apenas 25 anos quando tive de enfrentar Ronald Reagan por meu direito de, como comunista, lecionar na UCLA. Não podemos negar às pessoas jovens seu lugar de direito neste movimento hoje, ou isso nos levará à ruína. Em muitos casos, a juventude é capaz de enxergar com muito mais clareza que nós que nossa vida é moldada pelas interseções de raça, classe, gênero e sexualidade. Nós, que somos de gerações mais velhas, temos de aprender com nossos irmãos e nossas irmãs mais jovens, que estão em melhor posição que nós para desenvolver o vocabulário político, a teoria e as estratégias que podem nos levar adiante.

Estas últimas três décadas, das quais muitos anos foram dedicados a intensas lutas e sacrifícios, certamente produziram vitórias. Quem poderia imaginar em 1964, quando Fannie Lou Hamer tentou fazer com que o Partido Democrata da Liberdade do Mississippi tivesse acesso à convenção do Partido Democrata, que poderíamos eleger quarenta pessoas negras para o Congresso, incluindo uma mulher negra no Senado? E, mais importante ainda, quem imaginaria que essa mulher negra no Senado, herdeira de Fannie Lou Hamer, promoveria uma das cláusulas mais repressivas da recente lei criminal? Vejam, não é mais uma questão de simplesmente resistir ao Homem. As circunstâncias são muito mais complexas do que eram ou do que eram nossas percepções a respeito delas.

Hoje falamos em crise nos movimentos sociais contemporâneos. Essa crise foi produzida, em parte, porque falhamos em desenvolver uma consciência histórica expressiva e coletiva. Uma tal consciência acarretaria o reconhecimento de que nossas vitórias, alcançadas por meio dos movimentos libertários, nunca estão inscritas em pedra. Aquilo que muitas vezes, em determinadas condições históricas, percebemos como gloriosos triunfos da luta das massas mais tarde pode ricochetear contra nós se não reajustarmos continuamente os termos de nossa luta e transformarmos o terreno. A luta deve continuar. Circunstâncias novas exigem novas teorias e práticas.

A Revolução Cubana ocorreu há três décadas e meia. Conservar uma visão forte do socialismo depois do colapso da comunidade de nações socialistas exige estratégias muito diferentes das adotadas pelas lutas revolucionárias anteriores – do ataque ao quartel Moncada e do desembarque do *Granma* até o triunfo da revolução. Mas a luta continua. Nós, que tivemos nossa consciência radical e nossas trajetórias políticas essencialmente moldadas por Che, Fidel, Camilo Cienfuegos e Juan Almeida, temos a grande responsabilidade de apoiar nossos irmãos e nossas irmãs de Cuba em seu período mais difícil. O embargo tem de acabar – e tem de acabar agora!

A luta sul-africana entrou em uma nova fase. Muitos de nós lutamos pela liberdade de Nelson Mandela durante parte substancial de nossa vida política. Enquanto Mandela sobrevivia às condições brutais da prisão, nós protestávamos contra a repressão imposta pelo governo do *apartheid* às pessoas que combatiam pela liberdade. Hoje Nelson Mandela está livre e é presidente de uma nova África do Sul. Essa nova África do Sul se esforça para ser livre, democrática, não racista, não sexista e não homofóbica. A luta pela liberdade continua. Essa vitória não está garantida para sempre. Se nos associamos ao desmantelamento do *apartheid*, precisamos encontrar maneiras de ajudar a reforçar essa vitória hoje, amanhã e depois de amanhã. Muitas vezes, o glamour da revolução nos encanta de tal forma que, quando surgem momentos cruciais, mas menos glamorosos, quando nossas solidariedades são mais necessárias que nunca, deixamos de reagir de maneira apropriada. Não nos esqueçamos da rapidez com que a revolução em Granada foi derrubada pelos assassinatos de Maurice Bishop e Jacqueline Creft e pela invasão militar dos Estados Unidos.

Isso me traz de volta à questão que levantei antes sobre nossos fracassos coletivos na negociação de transformações históricas. Alguns de nós permanecemos tão firmemente ancorados nos discursos e nas estratégias de épocas anteriores que não conseguimos compreender bem os desafios contemporâneos. Não conseguimos apreender até que ponto teorias e práticas que no passado eram indubitavelmente progressistas se tornam, em circunstâncias políticas alteradas, retrógradas e flagrantemente reacionárias. Precisamos manter uma preocupação autêntica com o crescimento e a visibilidade do conservadorismo negro (de Clarence Thomas na Suprema Corte a Phyllis Berry Meyers, que ao lado de outras pessoas negras conservadoras teve papel fundamental no processo de reverter a nomeação de Lani Guinier como procuradora-geral adjunta para os direitos civis do Departamento de Justiça). Ao mesmo tempo, precisamos ter cuidado com a infiltração sutil de ideologias conservadoras no que é publicamente reconhecido como estratégia progressista para a libertação negra. Cuidado com lideranças e teoristas que eloquentemente se enfureçam contra a supremacia branca, mas identificam gays e lésbicas da comunidade negra como encarnações do mal. Cuidado com líderes que nos convocam a proteger nossa juventude negra, mas batem na esposa, maltratam suas crianças e não apoiam o direito de uma mulher à autonomia reprodutiva. Cuidado com esses líderes!

E cuidado com quem clama pela salvação dos homens negros, mas não apoia os direitos dos imigrantes do Caribe, da América Central e da Ásia ou pensa que as lutas em Chiapas e na Irlanda do Norte não têm relação com a liberdade das pessoas negras. Cuidado com esses líderes! Por maior que seja a eficácia (ou a ineficácia) com que ativistas experientes possam se envolver nas questões de nossos tempos, há claramente uma escassez de vozes jovens associadas à liderança política negra. A relativa invisibilidade da liderança jovem é um exemplo crucial da crise dos movimentos sociais negros contemporâneos.

No entanto, seja como for, na cultura popular negra a juventude está ajudando a moldar a visão política de seus contemporâneos. Há na juventude negra artistas absolutamente brilhantes. Eles não são só musicalmente fascinantes, também tentam produzir críticas antirracistas e anticapitalistas. Penso, por exemplo, em Nefertiti, Arrested Development, Fugees e Michael Franti (a quem acompanho desde The Disposable Heroes of Hiphoprisy). Uma imaginação cultural e política como a dessas pessoas pode ajudar a elucidar nosso dilema atual e talvez guiar-nos para fora da pior situação já enfrentada pela população negra neste século.

Não preciso mencionar os temas cujas misoginia e homofobia profundas enfraquecem seriamente a postura oposicionista do *hip-hop*. Porém, antes de identificarmos no *hip-hop* nosso principal adversário nesse sentido, lembremos que nosso universo ideológico está saturado de pressupostos patriarcais e heteronormativos.

CLINTON, LEI CRIMINAL* E RAÇA

Ainda não completamos dois anos da presidência de Clinton, e as possibilidades de políticas de oposição *vis-à-vis* o Estado têm diminuído constantemente. As pessoas negras desempenham um papel importante tornando a presidência de Clinton imune à crítica popular. É como se elas se sentissem obrigadas a ficar do lado de Clinton nos bons e nos maus momentos. Aparentemente, esquecemos como assumir uma postura de oposição e resistência, identificar códigos e marcadores raciais latentes e reconhecer o racismo mesmo quando os marcadores convencionais não estão presentes. Em termos históricos, essa habilidade rendeu a ativistas afro-estadunidenses um lugar especial entre as pessoas de minorias étnicas e raciais de todo o mundo e entre pessoas de todas as nacionalidades e origens raciais. O que costumava ser uma avaliação sofisticada do racismo parece estar se desintegrando. Após a crise do socialismo e em um contexto de muitos regimes problemáticos em toda a África, como podemos exaltar Bill Clinton como símbolo de mudança radical? Isso é extremamente problemático.

Na edição de 29 de agosto da revista *Jet* há um artigo revelador sobre uma festa de aniversário para Clinton, organizada por uma coalizão de pessoas negras, asiáticas e latinas do Partido Democrata. Aproximadamente 1.500 pessoas de minorias étnicas e raciais compareceram a essa festa, e um valor sem precedentes de 1,2 milhão de dólares foi arrecadado. De acordo com o artigo, "para a maioria das minorias, o presidente Clinton ainda era 'o cara', mantendo seu compromisso quando as questões de direitos humanos pareciam ter perdido o brilho". O fato de que pessoas negras, asiático-estadunidenses e latinas possam arrecadar mais de 1 milhão de dólares em uma noite deveria indicar que o cenário político mudou fundamentalmente. Deveria indicar que

---

* Lei de Controle de Crimes Violentos e Aplicação da Lei (*Violent Crime Control and Law Enforcement Act*). (N. T.)

as configurações de classe dentro da comunidade negra passaram por uma importante metamorfose nas últimas duas décadas.

Comparem essa festa de 1 milhão de dólares com a situação que prevalece aqui no Harlem. Parte de nós é muito mais rica do que jamais sonhamos que seríamos. Mas um número muito maior de nós está estabelecido em uma pobreza que é bem mais terrível do que poderíamos imaginar três décadas atrás. O filme *Blade Runner* evoca o futuro distópico dos bairros negros pobres – não apenas em Los Angeles, mas em East Oakland, Harlem e South Bronx –, zonas descartáveis.

O artigo da *Jet* elogia Clinton por nomear muitas pessoas negras: Mike Espy, Ron Brown e mais três integrantes de seu gabinete, além de mais de quinhentas pessoas negras para outros cargos em sua administração. O artigo também elogia Clinton por "corajosamente fazer pressão pelo primeiro sistema de saúde pública e pelo primeiro projeto de lei anticrime do país". Na verdade, Clinton estabeleceu o projeto de lei criminal como sua prioridade política número um, acima do sistema de saúde. Por que ele era tão resistente à iniciativa do sistema centralizado de saúde? Por que esse projeto de lei criminal era mais importante que um projeto de lei de empregos? A última discussão ampla sobre pleno emprego foi a Lei Humphrey-Hawkins de Pleno Emprego, de 1978. Considerem também que a legislação de reforma do sistema de bem-estar social proposta por Clinton forçará as mulheres inseridas no sistema de assistência social a trabalhar depois de dois anos recebendo os pagamentos. Mas onde elas vão encontrar emprego?

Após a Guerra Fria, a prioridade deveria ter sido converter a economia de guerra – que sistematicamente drenou os empregos do país, criou desemprego estrutural e levou ao desenvolvimento de um grupo de pessoas estruturalmente desempregadas na comunidade negra e em outras comunidades de minorias étnicas e raciais – em uma economia de pleno emprego em tempo de paz. Em 1994, por que é tão fácil nos esquecermos de pleno emprego, saúde, educação, lazer? Por que é tão ampla a aceitação da postura favorável de Clinton a medidas duras em nome da lei e da ordem? Quando o republicano Nixon clamou, pela primeira vez, por lei e ordem, a população negra não teve dificuldade de compreender os códigos raciais desse lema. Quando o republicano Bush e sua campanha anticrime apresentaram Willie Horton como o arquétipo do criminoso – um homem negro, estuprador e assassino de uma mulher branca –, não era preciso ter uma inteligência extraordinária para compreender a associação discursiva entre crime e negritude.

Hoje, no entanto, Clinton, um democrata que recebeu mais votos da comunidade negra que de qualquer outro grupo de pessoas neste país, em termos proporcionais, é elogiado como o combatente anticrime por excelência, devido a suas políticas de um racismo arguto, que as despoja de qualquer conteúdo racial explícito. Ao deixar, intencionalmente, de fazer alusões diretas à raça, Clinton emprega uma retórica que se concentra nas vítimas do crime. E a vítima contemporânea por excelência é a menina branca Polly Klaas. Por favor, não me entendam mal. O assassinato dela foi horrível e transmito minha solidariedade à família. Minha crítica é à manipulação retórica da imagem dela na condição de vítima de um crime. Clinton evocou Polly Klaas repetidamente – e fez isso logo após a protelação inicial da lei anticrime. Embora o suspeito no caso de Polly Klaas seja um homem branco, o medo socialmente construído da criminalidade está bastante entrelaçado ao medo dos homens negros, de modo que Richard Allen Davis, o suspeito branco, torna-se uma anomalia percebida como um rosto branco representando um mar de homens negros que, no imaginário coletivo, compõem o elemento criminoso.

Essa lei criminal recentemente aprovada destina mais de 30 bilhões de dólares, pelos próximos seis anos, para "nos" proteger dos criminosos. Leiam os códigos raciais incorporados ao discurso em torno da lei criminal. Eles se tornaram infinitamente mais complexos, e um bom número de pessoas negras têm sido levadas a acreditar que a criminalidade é inerente a certos grupos de afro-estadunidenses. Essas pessoas, assim como pessoas de outras ascendências raciais, precisam de proteção contra esses grupos criminosos. A lei criminal autoriza que 8,8 bilhões de dólares sejam usados nos próximos seis anos para colocar mais 100 mil homens e mulheres da polícia nas ruas de cidades de todo o país; 7,9 bilhões de dólares em subvenções estatais para a construção de prisões e campos de treinamento; 1,8 bilhão de dólares para indenizar estados, que são encorajados a encarcerar um número maior de imigrantes da América Central, do Caribe e da Ásia que não tenham documentação.

Um número cada vez maior de pessoas será arrebanhado para dentro de prisões e submetido à lei da prisão perpétua após três infrações; essas pessoas receberão sentenças cada vez mais longas, tanto no sistema estadual quanto no federal. Contrariando as expectativas, devido à cláusula proposta ao Senado por sua primeira integrante negra, Carol Moseley Braun, será mais fácil julgar adolescentes mais jovens como pessoas adultas. Em consequência, logo também teremos crianças em prisões estaduais e federais. Já existe uma população prisional de 1 milhão de pessoas nos Estados Unidos. Isso não inclui as 500 mil pessoas em prisões de municípios e condados nem as 600 mil em liberdade provisória e os 3 milhões de pessoas em liberdade condicional. Também não inclui os 60 mil jovens em unidades correcionais juvenis, ou seja, hoje há mais de *5 milhões* de pessoas encarceradas, em liberdade condicional ou em liberdade provisória. Muitas das que se enquadram atualmente nesses dois últimos casos estariam atrás das grades de acordo com a lei criminal recentemente aprovada.

Assim, vocês sabem, mesmo sem as medidas draconianas da lei criminal, as pessoas negras já têm uma probabilidade 7,8 vezes maior de ir para a prisão que as brancas. Se tivermos qualquer dúvida sobre o abandono de concepções que priorizam a reabilitação como objetivo do encarceramento, consideremos o fato de que pessoas detidas não serão mais elegíveis para o fundo Pell de financiamento para o ensino superior. A prisão não tem apenas sua duração drasticamente estendida, mas se torna mais repressiva que nunca. Nos sistemas penitenciários de alguns estados, até o exercício físico de levantamento de peso foi proibido.

Como passei algum tempo em várias prisões, sei o quanto é importante exercitar o corpo e a mente. A proibição do ensino superior e do exercício físico de levantamento de peso implica a criação de uma sociedade encarcerada composta de pessoas que valem pouco mais que lixo para a cultura dominante. A lei criminal não afeta apenas a comunidade negra, ela tem consequências para as comunidades latina, indígena, asiática, árabe, branca empobrecida e imigrante.

Como intelectuais e ativistas da comunidade negra, nossas análises e nossas preocupações devem estender-se além do que reconhecemos como comunidade negra. Nossas comunidades de luta política abrangem todas as pessoas de minorias étnicas e raciais – negras, latinas, asiáticas, indígenas –, assim como a população empobrecida deste país. As mesmas condições de globalização que roubaram tantos empregos da comunidade negra provocaram o aumento da migração para os Estados Unidos. O capital migra de país em país em busca de mão de obra barata e, nesse processo, abre rotas de migração humana para os Estados Unidos. Mas agora, de acordo com a lei criminal, o governo federal financiará os custos de encarceramento de imigrantes sem documentação. Pessoas afro-estadunidenses, haitianas, cubanas, latino-americanas, salvadorenhas, mexicanas, chinesas, laosianas, árabes, acabaremos todas no mesmo lugar. Por isso, é melhor descobrirmos como nos unir para construir um movimento de resistência.

Quem está se beneficiando desses novos desdobramentos deploráveis? Já existe uma espécie de alta na indústria de construção de prisões. Novas tendências arquitetônicas que recapitulam velhas ideias sobre o encarceramento, como o panóptico de Jeremy Bentham, criaram a necessidade de construir novos presídios e prisões – tanto públicos quanto privados. E existe uma dimensão de busca pelo lucro, composto, em si, de exploração e racismo. Também é importante reconhecer que a tendência cada vez maior de privatização de presídios e prisões dos Estados Unidos é igualmente ameaçadora. Com essa nova lei criminal, a Corrections Corporation of America, hoje a maior empresa no setor de prisões com fins lucrativos, provavelmente crescerá. A tendência de enfraquecimento dos sindicatos, característica do capital transnacional, é usada pelas prisões privadas para reduzir seus custos. Assim, a Corrections Corporation of America proíbe a participação sindical em suas prisões. Além disso, seu quadro funcional não possui plano de previdência.

O que houve de mais importante no debate sobre a lei criminal foi que a bancada negra insistiu o tempo todo na inclusão de um ato de justiça racial que permitiria que pessoas acusadas que estavam no corredor da morte usassem a raça como fator atenuante. Infelizmente, essa cláusula não foi incluída. Portanto, perguntamos: quantos corpos negros ainda serão sacrificados no altar da lei e da ordem? Por que tem sido tão difícil abordar abertamente o tema da construção social da raça? Por que não contestamos mais efetivamente o apagamento de raça na retórica de lei e ordem de Clinton, uma herança que ele abraçou de forma acrítica? Talvez porque durante a era Reagan-Bush o discurso sobre o crime já tenha se tornado tão implicitamente racializado que não é mais necessário usar marcadores raciais. O preocupante na retórica de Clinton é que os racismos, que eram tão óbvios no discurso de lei e ordem de eras anteriores, estão se tornando cada vez mais irreconhecíveis.

UM NOVO MOVIMENTO ABOLICIONISTA

Os dilemas da política de lei e ordem escondem-se no segundo plano das discussões sobre o ativismo antiviolência das comunidades negra e latina. Quando a vida de uma criança é interrompida para sempre por um dos tiros tão frequentemente ouvidos nas comunidades negra e latina empobrecidas, pais, mães, professores, colegas protestam exibindo cartazes com os dizeres "CHEGA DE VIOLÊNCIA". Quem convive com a violência cotidiana associada ao narcotráfico e ao crescente uso de armas perigosas pela juventude com certeza precisa de soluções imediatas para esses problemas. Mas as décadas de soluções baseadas na lei e na ordem dificilmente trarão paz às comunidades negra e latina empobrecidas. Por que tamanha escassez de alternativas? Por que a agilidade em adotar um discurso e considerar políticas e estratégias ideológicas tão carregadas de racismo? O racismo ideológico começou a guiar uma existência isolada. Ela se resguarda, por exemplo, no conceito de crime. As pessoas mais afetadas pela epidemia de violência querem, compreensivelmente, ver o fim da criminalidade. Mas é raro que elas tenham acesso a outras ideias que não as que fundamentam a retaliação como forma de justiça. Por isso é tão difícil discutir as possibilidades de abolição de presídios e prisões. Eu, por exemplo, acredito que teremos que renunciar a presídios e prisões como formas normalizadas e inquestionáveis de abordar problemas sociais como abuso de drogas, desemprego, falta de moradia e analfabetismo.

No século XIX, Thomas Malthus fez afirmações sobre a inevitabilidade da pobreza. Ele argumentou que guerras, desastres naturais e doenças eram formas naturais de reduzir a pobreza. Pobreza que ele presumia ser tão inevitável quanto essas mesmas doenças, desastres e guerras que resultavam na morte de tantos seres humanos. Do mesmo modo que o capitalismo naturalizou a pobreza, o crime também foi naturalizado. Se o crime é inevitável, então precisa haver mais policiamento e mais prisões. Intelectuais da comunidade negra podem apoiar estratégias abolicionistas de formas que levem a uma aproximação construtiva com outros movimentos sociais. Nesse sentido, é hora de explorar abordagens de descriminalização, em especial a descriminalização do uso de drogas e da prostituição.

Quando os abolicionistas expõem a possibilidade de uma vida sem prisões, uma reação comum é o medo – provocado pela perspectiva de criminosos saindo das prisões e retornando às comunidades onde podem agredir violentamente as pessoas e suas propriedades. É verdade que abolicionistas querem desmantelar as estruturas de encarceramento, mas não sem um processo que exija a construção de instituições alternativas. Não é necessário abordar o problema das drogas, por exemplo, dentro do sistema de justiça criminal. É preciso separá-lo do sistema de justiça criminal. A reabilitação não é possível dentro do sistema penitenciário e prisional.

Uma estratégia possível, apoiada pela criminologista radical Pat Carlen, é começar com as mulheres, que constituem porcentagem relativamente pequena da população carcerária dos Estados Unidos e do mundo, mas que são com mais frequência condenadas por acusações ligadas a drogas, prostituição e fraude no sistema de bem-estar social. Uma política de desencarceramento, especialmente para mulheres condenadas pelos chamados "delitos não violentos", poderia resultar no fechamento de muitos presídios e prisões para mulheres. Assim, os recursos liberados poderiam ser usados de forma mais produtiva para desenvolver instituições educativas e reabilitadoras. A eliminação bem-sucedida das prisões femininas tornaria possível, então, estabelecer um precedente que poderia ser aplicado também às instituições masculinas.

Se o desencarceramento e a abolição forem descartados como muito radicais, a única alternativa será continuar encarcerando a população negra em números cada vez maiores. Se essa tendência se mantiver, como consequência da lei criminal, 50% dos homens negros jovens poderão estar atrás das grades em um período de dez anos. E em mais 25 anos esse número pode chegar a 75%.

O que estou sugerindo é que foram estabelecidos limites perigosos à própria possibilidade de imaginar alternativas. Esses limites ideológicos precisam ser contestados. Temos de começar a pensar de forma diferente. Nosso futuro está em jogo.

Intelectuais e ativistas da população negra precisam, por exemplo, descobrir como se engajar em debates que ressaltem, sem temor, a virulência do racismo. Temos de aprender a analisar o racismo e a resistir a ele mesmo em contextos nos quais as pessoas que são alvos e vítimas do racismo cometem atos prejudiciais a outras. O discurso da lei e da ordem é racista, o sistema penal existente foi profundamente definido pelo racismo histórico. Polícia, tribunais e prisões são exemplos dramáticos de racismo institucional. Contudo, não se trata de sugerir aqui que pessoas de minorias étnicas e raciais que cometem atos de violência contra outros seres humanos sejam, portanto, inocentes. Isso é válido para os irmãos e as irmãs que estão nas ruas e igualmente para aqueles que vivem em residências de alto padrão.

A dificuldade de admitir que um indivíduo possa ser simultaneamente reconhecido como alvo de racismo e como autor de injúrias ficou evidente na história de Clarence Thomas e Anita Hill. Muita gente que denunciou o racismo sentiu-se compelida a defender a pessoa percebida como alvo do racismo. Houve certamente racismo no modo como os membros do Partido Democrata no Senado organizaram as audiências. Afinal, foi Clarence Thomas, não Ted Kennedy, quem recebeu críticas por seu comportamento misógino. O congressista negro Mel Reynolds, recentemente indiciado por agressão sexual a uma jovem de dezesseis anos, voluntária de sua campanha, tentou escapar da discussão sobre abuso sexual alegando que foi alvo de racismo. É claro que o racismo possibilita esse tipo de denúncia. Mas isso não é e não pode ser justificativa para agressões contra mulheres – ainda mais por homens negros que ocupam cargos de poder. Não podemos permitir que a identificação do racismo que permeia as instituições econômicas e políticas obscureça a expansão do assédio e do abuso sexual nas comunidades negras – tanto a empobrecidas como a abastada.

O processo de identificação do racismo nem sempre exonera a vítima.

A responsabilidade permanece. O irmão Ben Chavis, por cuja liberdade lutei fervorosamente em vários continentes, ainda deve ser responsabilizado por seu comportamento explorador em relação às mulheres. Amo o irmão e certamente valorizo a liderança dele na Associação Nacional para o Progresso de Pessoas de Cor (NAACP na sigla original) – juntei-me à NAACP quando ele se tornou seu diretor-executivo. Mas quero saber, por exemplo, por que não havia mais mulheres na direção? Uma vítima de racismo pode também ser um perpetrador do sexismo. E, aliás, uma vítima de racismo pode igualmente ser um perpetrador do racismo. A vitimização não pode mais funcionar como uma auréola de inocência.

CONSCIÊNCIA DE RAÇA, CLASSE, GÊNERO E SEXUALIDADE

Um dos maiores desafios das comunidades negra, latina, asiática e indígena é desenvolver uma consciência popular das complexas relações de raça, classe, gênero e sexualidade. Nos círculos acadêmicos e ativistas, discutimos há mais de uma década a inter-relação dos modos de opressão que se baseiam nesses marcadores sociais, mas nossa política continua a ser orientada por discursos e concepções ultrapassados. Assim como o racismo está crescendo, o preconceito de classe, o machismo e a homofobia também estão. Pessoas negras de classes abastadas estão mais dispostas que nunca a descartar irmãs e irmãos empobrecidos e oprimidos. São as mesmas pessoas negras que muitas vezes se dizem vítimas de racismo quando não recebem promoções, mas que nem pensam em apoiar o direito de agentes prisionais à sindicalização.

No que diz respeito ao gênero, somos muitas as pessoas mantidas cativas das percepções masculinistas da comunidade negra que banalizam perigosamente o lugar das mulheres negras. Os homens negros continuam sendo evocados como "uma espécie em extinção", enquanto as mulheres negras são vistas como responsáveis pela reprodução de famílias sem a presença do pai, afetadas pela pobreza e cujos filhos homens estão destinados a se tornar estatísticas prisionais. As mulheres negras que ousam pensar que podem constituir famílias sem homens são representadas como destruidoras da comunidade. Nesse quadro de misoginia ideológica, as mulheres negras são percebidas como reprodutoras de homens negros violentos. Nos debates sobre afro-estadunidenses no ensino superior, a porcentagem crescente de mulheres negras que obtêm doutorado é muitas vezes vista como patológica. É como se nossos problemas pudessem ser magicamente resolvidos se as mulheres negras ao menos reconhecessem seu lugar tradicional e concordassem em apoiar seus homens.

Esse discurso sobre salvar os homens negros jovens é muitas vezes impregnado de machismo e misoginia. As mulheres continuam a ser representadas como apêndices, objetos sexuais, máquinas de fazer bebês. E as mulheres que alcançam o sucesso, contra toda expectativa, são muitas vezes vistas como uma ameaça às potenciais realizações dos homens negros. Por que não é óbvio que qualquer esforço para salvar os homens negros, ainda que bem-sucedido, está fadado ao fracasso se depender da subjugação das mulheres negras?

Kevin Powell escreve sobre esse dilema na edição mais recente da revista *Vibe*:

> Em algum lugar em nossa consciência coletiva, o povo negro conseguiu transformar O. J. novamente em herói. Devido a nossa história neste país, estabelecemos conexão imediata com qualquer pessoa negra que percebamos ser uma vítima do Homem. Não importa o fato de que O. J. foi um atleta neutro em relação a questões raciais quando estava no auge, raramente se esforçando para apoiar causas negras. Não importa que O. J. tenha espancado Nicole Brown Simpson repetidas vezes. E não importa que, para cada minuto de cobertura do caso O. J., existam milhares de tragédias silenciosas entre a população negra dos Estados Unidos.

Powell conclui:

> Com certeza O. J. será glorificado em canções de *rap*, alcovitado por líderes políticos, e sua imagem será divulgada em massa em uma comunidade negra perto de você. Por isso, assim que O. J. e seu julgamento estiverem superados, nós iremos, como disse o grupo The Last Poets, "farrear e falar besteira" até que haja outro herói caído para defender.*

---

* O autor se refere ao refrão da canção de 1970 "When the Revolution Comes", do grupo The Last Poets, pioneiro do *hip-hop*. O refrão usa a expressão *party and bullshit* e inspirou, na década de 1990, um *rap* de Notorious B.I.G. com esse título. (N. T.)

DERRUBAR A DICOTOMIA PÚBLICO-PRIVADO

Um grande desafio para a comunidade intelectual e ativista negra interessada em teorias e práticas radicais envolve a contestação da dicotomia público-privado. Quando o identificamos, o racismo é visto como público e político. A violência contra a mulher, por sua vez, ainda é vista como privada e pessoal. E já é hora de parar de supor que derrubar essas paredes é um trabalho estritamente feminista, ou então todos nós precisamos nos tornar feministas, mulheres e homens!

Como Cornel West apontou, a noção de uma esfera privada está muito ligada ao mercado capitalista, a uma ideia de mercado sem intervenção. Ou seja, vale tudo. Se dissermos *não* à violência policial, se dissermos *não* à violência racista, temos de dizer *não* à violência contra as mulheres. Isso significa que nossa ideia do que é considerado político também precisa mudar.

A população negra está na linha de frente de movimentos radicais e revolucionários neste país há séculos. Se não resolvermos alguns desses problemas críticos, ficaremos para trás. Nosso insucesso, até agora, em incorporar questões de gênero e sexualidade em nossas pautas é, em parte, um reflexo do medo de nos posicionarmos em oposição ao capitalismo. Mas nem todos perdemos a esperança de uma mudança revolucionária. Nem todos aceitamos a noção de que o capitalismo é inevitável diante da queda do socialismo. Certo tipo de socialismo não funcionou devido a contradições internas irreconciliáveis. Suas estruturas caíram. Mas supor que o capitalismo é triunfante é usar um paradigma simplista de luta de boxe. Apesar do fracasso em construir estruturas democráticas duradouras, o socialismo demonstrou ainda assim sua superioridade em relação ao capitalismo em vários aspectos: a capacidade de garantir educação gratuita, moradia de baixo custo, empregos, creche gratuita, assistência médica gratuita etc. É exatamente disso que as comunidades negras dos Estados Unidos, outras comunidades de minorias étnicas e raciais e a população empobrecida como um todo precisam.

O Harlem fornece um exemplo dramático do futuro do capitalismo tardio e uma evidência convincente da necessidade de revitalizar a teoria e a prática democráticas socialistas – pelo bem de nossas irmãs e nossos irmãos, que de outro modo serão lançados nas masmorras do futuro, e, na verdade, pelo bem de todos nós.

2

O COMPLEXO INDUSTRIAL-PRISIONAL

Colorado College, Colorado Springs
5 de maio de 1997

Muitas vezes me pedem para contar os fatos que me conduziram ao ativismo radical. *Como você se tornou ativista? O que a levou à decisão de se tornar ativista? Qual foi o fato crucial responsável por uma vida inteira de compromisso com a justiça social?* Essas são perguntas com que me deparo ao longo dos anos em muitos contextos, perguntas sobre as quais tenho refletido há décadas. Quando me tornei ativista de fato? O que realmente me levou a dedicar minha vida ao trabalho em prol da justiça social? Por muito tempo, pensei que as respostas seriam tão diretas quanto as perguntas. Eu só precisava aprender a fazer as perguntas habitarem minhas memórias.

No início, achei que o momento fundamental devia ter sido o ataque a bomba à igreja batista da rua 16, em Birmingham, Alabama, em 1963, e a morte das quatro meninas que estavam na escola dominical. Fui criada em Birmingham, e a família de Carole Robertson e Cynthia Wesley eram muito próximas da minha. Por meio de minha mãe, também tínhamos conexões com Denise McNair e Addie Mae Collins. A mãe de Carole Robertson era uma grande amiga de minha mãe e pediu a ela que a levasse até a igreja de carro para buscar Carole assim que chegou a notícia de que a igreja havia sido bombardeada. Até chegarem lá, elas não faziam ideia de que a vida de Carole tinha sido interrompida por esse ato de terror racista. Carole e as outras três meninas eram do bairro; eram amigas de minha irmã; minha mãe fora professora delas na escola, eram meninas que eu conhecia. Esse ato deplorável de violência racista teve um efeito profundo em mim. Então, por algum tempo, conclui que o bombardeio à igreja devia ter sido o fato crucial que explicava meu ativismo. Mas depois me lembrei de que já estava engajada no ativismo radical muito antes do atentado de 1963. Aquele momento catastrófico havia claramente solidificado minha percepção do que eu tinha de fazer no mundo, mas não era a história completa.

Depois de refletir sobre várias explicações prováveis e momentos decisivos possíveis em minha vida, percebi que nunca vivenciara uma epifania singular que direcionasse minha vida para o ativismo social. As respostas àquelas perguntas não continham o drama prenunciador que tanto meus interlocutores quanto eu procurávamos. As respostas acabaram sendo bastante comuns. Nunca houve um momento dramático. Ao contrário, houve um longo processo de aprendizado sobre como conviver com a segregação racial sem permitir que ela habitasse totalmente minha psique. Na minha infância, Birmingham, Alabama, era a cidade mais segregada dos Estados Unidos. Meus pais se certificaram de que seus filhos e suas filhas reconhecessem que a segregação racial não era um conjunto imutável de relações. Eles encorajaram a mim, minha irmã e meus irmãos a criticar o estado de coisas, para que pudéssemos afirmar nossa própria humanidade. Eles nos ensinaram a dedicar a vida a transformações sociais que tornariam o mundo melhor para todos. Eles nos ensinaram a imaginar novas possibilidades, novos mundos, e a associar cada pequena ação nossa a esses futuros possíveis.

Onde quer que eu esteja, o que quer que esteja fazendo, tento me sentir conectada a futuros que só são possíveis por meio da luta. Portanto, quero começar sugerindo que, seja você quem for, esteja onde estiver, seja estudante, docente, trabalhador ou trabalhadora, uma pessoa ativa em sua igreja, artista, sempre há maneiras de direcionar seu trabalho para uma transformação progressiva e radical. Espero que minha apresentação convença você – se é que realmente precisa se convencer – de que nossa sociedade necessita de uma mudança estrutural radical.

MEDO DO CRIME, REALIDADE DAS PRISÕES

Há muito tempo venho pensando sobre o sistema prisional. Na verdade, o período em que eu mesma estive na prisão estava diretamente relacionado a meu trabalho antiprisional na Califórnia no fim dos anos 1960. Eu era uma de muitos jovens ativistas que trabalhavam para libertar pessoas presas por motivos políticos ou cujas experiências na prisão as levaram a assumir uma visão radical. Nós nos indignávamos com o fato de um grande número de pessoas de minorias étnicas e raciais ser encarcerado em um momento em que a retórica de lei e ordem associada ao então presidente Nixon estava muito claramente carregada de racismo. George Jackson era um jovem revolucionário, pensador e estrategista autodidata brilhante que, aos dezoito anos, foi condenado por envolvimento em um assalto que levou setenta dólares de um posto de gasolina. A sentença imposta a Jackson pela Autoridade Juvenil da Califórnia era de no mínimo um ano até prisão perpétua, o que significava que ele poderia ter sido libertado após um ano ou poderia estar fadado a passar o resto da vida na prisão. O resultado foi que ele passou o resto de sua vida relativamente curta atrás das grades. Foi assassinado doze anos depois de ter sido sentenciado.

Trabalhando em movimentos pela libertação de presos políticos – George Jackson e os irmãos Soledad; Los Siete de La Raza; Huey Newton, Ericka Huggins, Bobby Seale e outros membros do Partido dos Panteras Negras –, tornamo-nos conscientes de problemas estruturais mais amplos. A repressão política não era dirigida apenas a pessoas presas por motivos políticos. Ao contrário, o sistema prisional como um todo representava um aparato de repressão racista e política, que tinha como alvo não só pessoas presas por motivos políticos inequívocos, mas a maioria da população encarcerada. O fato de que praticamente todos atrás das grades eram (e são) pessoas empobrecidas e desproporcionalmente negras e latinas nos levou a pensar sobre o impacto mais amplo do sistema penal nas comunidades de minorias étnicas e raciais e nas comunidades empobrecidas em geral. Quantas pessoas ricas estão na prisão? Talvez algumas aqui e ali, muitas das quais vivendo no que chamamos de clubes de campo prisionais. Mas a grande maioria da população carcerária é pobre. Um grupo desproporcional dessa população era e continua sendo composto de pessoas de minorias étnicas e raciais, de ascendência africana, latina ou indígena.

Parte de vocês talvez saiba que, neste país, quem tem maior probabilidade de ir para a prisão são jovens afro-estadunidenses. Em 1991, a organização The Sentencing Project divulgou um relatório indicando que uma em cada quatro pessoas negras de 18 a 24 anos estava encarcerada. Vinte e cinco por cento é um número surpreendente. Isso foi em 1991. Alguns anos depois, o Sentencing Project divulgou um relatório de acompanhamento revelando que, em três ou quatro anos, o percentual havia subido para mais de 32%. Em outras palavras, aproximadamente um terço de toda a juventude negra deste país está na prisão ou sob supervisão e controle diretos do sistema de justiça criminal. Há, evidentemente, algo errado.

A expansão do sistema de justiça criminal e o surgimento de um complexo industrial-prisional são acompanhados de uma campanha ideológica para nos convencer, mais uma vez, no fim do século XX, de que a raça é um marcador de criminalidade. A figura do criminoso é o homem jovem negro. Homens jovens negros engendram medo. E a população negra não está imune a esse processo ideológico. Não é só a população branca – e outras populações não negras – que aprende a temer os homens negros. As pessoas negras também aprendem a temer a juventude negra.

Quando falamos sobre a representação do homem jovem negro como criminoso, não se trata de refutar o fato de que existem alguns homens jovens negros que cometem atos horríveis de violência. Mas isso não pode justificar a criminalização generalizada dos jovens negros. O racismo, a propósito, sempre se baseou na confusão entre indivíduo e grupo. O fato de que cada vez mais pessoas de minorias étnicas e raciais estão sendo mandadas para a prisão tem muito a ver com a expansão do sistema prisional e o desenvolvimento de novas tecnologias de repressão. Era comum, no passado, que a simples evocação da prisão fosse ligada à ideia de reabilitação. Supunha-se que as pessoas iam para a prisão a fim de pagar suas dívidas com a sociedade e aprender a tornar-se melhores cidadãs. Independentemente de suposições como essas refletirem as realidades da prisão, é significativo que o próprio conceito de reabilitação tenha se tornado anacrônico. Agora, a incapacitação e o castigo são os objetivos absolutos da prisão; não há sequer um verniz de reabilitação. Um dos desdobramentos mais recentes são as prisões em que a segurança máxima é reforçada, as *supermax*. Dentro dessas instituições desumanizadoras de nossa democracia, as pessoas vivem em celas de 2,5 por 5 metros, sem ar fresco, sem janelas, sem contato humano. Aqui no Colorado, na prisão federal *supermax* em Florence, os prisioneiros têm escoltas eletrônicas quando se deslocam de um lugar para outro. São obrigados a ficar na cela 23 horas por dia, com uma hora de exercício fora, às vezes menos.

Como explicar esses novos desdobramentos? Por que não protestamos diante do número crescente de prisões e do surgimento de regimes repressivos que retomam técnicas antigas no contexto de novos ambientes informatizados? Muitos de nós participamos de processos que permitem a construção de um número cada vez maior de prisões. Votamos a favor de fiança judicial. Votamos a favor de leis de prisão perpétua após três infrações. Essas são respostas acríticas à retórica empregada pela mídia e por políticos que exploram o medo coletivo do crime criado durante a era Reagan-Bush e aprofundado no governo Clinton. O que acontece se encararmos as realidades atuais e nos perguntarmos por que, ao longo dos últimos quinze anos, as prisões se tornaram cada vez mais necessárias para nossa sensação de segurança? O que acontece se tentarmos desvendar as ideologias por trás desse foco no crime?

Não podemos negar que a maioria de nós tem muito medo do crime. Nós nos encolhemos de medo ao imaginar a possibilidade de sermos vítimas de um crime. É verdade que a criminalidade nos cerca, não estou sugerindo que não seja real. De fato, acontecem muitos crimes, mas nem sempre cometidos pelas pessoas que o discurso considera o arquétipo do criminoso. Existem crimes corporativos, contra o meio ambiente, como vazamentos de petróleo e outros, que prejudicarão pessoas das próximas gerações. Mas, é claro, responsáveis por esses crimes de longo alcance nunca são considerados criminosos. Se recebem punição por suas ações, em geral é apenas o pagamento de multas relativamente pequenas.

Se prestarmos atenção aos atos de violência que irrompem em nossa imaginação quando o espectro do crime é evocado, descobrimos que não houve um aumento substancial da criminalidade, exceto – e isso é extremamente importante – entre os jovens. Mas em geral é na mídia que vemos o aumento mais relevante dos crimes. Em outras palavras, houve um aumento extraordinário da *representação* do crime e da violência na mídia – televisão e cinema. O crime midiatizado nos cerca. Aprendemos a temê-lo de uma forma que não reflete a real ameaça da criminalidade nas ruas. Ao contrário, transferimos para o crime outros medos para os quais não temos uma forma de expressão. A mensagem que recebemos das pessoas que exercem cargos políticos e da interminável série de programas criminais na televisão é que não precisamos temer o desemprego, a falta de moradia, a deterioração das condições nas comunidades empobrecidas; elas sugerem interminavelmente que não precisamos temer a guerra e a degradação ambiental causada pelas operações empresariais e militares, mas devemos temer o crime e os grupos que são representados como seus mais prováveis perpetradores.

INIMIGOS PÚBLICOS

Por experiência própria, posso dizer o que é ser tratada como inimiga pública. Quando eu era membra do Partido Comunista, aceitei um cargo de professora na UCLA, mas antes de ter a chance de dar minha primeira aula fui demitida pelo conselho de regentes por incitação de Ronald Reagan, governador da Califórnia na época. Eu não sabia que tamanho ódio era possível até que me vi alvo dos ataques mais venenosos. Recebi muitos milhares de cartas de ódio de pessoas da Califórnia e de todo o país que me diziam para "voltar para a Rússia". É claro que nunca havia estado na Rússia, tampouco estive na África, para onde algumas das cartas diziam que eu deveria "voltar". (Depois visitei essas duas partes do mundo.) O que achei interessante na época, e que pode nos ajudar a entender a racialização contemporânea do medo, é a maneira como essas pessoas aglutinaram de forma tão arrogante minha negritude e meu comunismo.

Durante a era McCarthy, o comunismo foi definido como o inimigo da nação e passou a ser representado como o inimigo do "mundo livre". Nos anos 1950, quando a filiação ao Partido Comunista dos Estados Unidos (CPUSA na sigla original) foi oficialmente criminalizada, muitos integrantes foram forçados a entrar na clandestinidade e/ou sentenciados a anos e anos de prisão. Em 1969, quando fui pessoalmente alvo do furor anticomunista, ativistas de organizações como o Partido dos Panteras Negras também sofreram acusações. Como alguém que representava tanto a ameaça comunista quanto a ameaça revolucionária negra, tornei-me um ímã para muitas formas de violência. Os epítetos anticomunistas e racistas usados nas cartas de ódio que recebi eram tão terríveis que não quero dizê-los em voz alta. Se conseguirmos compreender como as pessoas podem ser levadas a temer o comunismo de forma tão visceral, isso pode nos ajudar a entender o caráter ideológico do medo atual da figura do criminoso negro.

A Guerra do Vietnã durou tanto porque foi alimentada pelo medo coletivo do comunismo. O governo e a mídia levaram o público a acreditar que os vietnamitas eram seus inimigos, como se a derrota do inimigo comunista racializado no Vietnã pudesse melhorar a vida da população estadunidense e fazê-la sentir-se melhor consigo mesma. Com o mundo socialista em colapso, outras figuras agora se moveram para o vácuo criado pelo recuo da retórica anticomunista. Na ausência de comunistas, o temido inimigo agora se tornou o criminoso, o criminoso racializado. A imagem do novo inimigo é o homem jovem negro ou latino. As mulheres negras também são cada vez mais demonizadas. A mulher de minorias étnicas e raciais em programas de assistência social é representada como espoliadora do dinheiro ganho por nobres contribuintes. Essa retórica racializada sobre o sistema de bem-estar social ajudou a desestruturá-lo. Quando se analisa quanto do debate político nacional se concentrou nas políticas de bem-estar, embora elas tenham consumido menos de 1% do orçamento, percebe-se que o ataque ideológico às mães que recebem auxílios de programas sociais tem algo a dizer sobre a forma como os inimigos são criados.

Agora que o sistema de bem-estar social foi desestruturado e não há empregos disponíveis para mulheres que encontraram nele uma rede de segurança, como elas conseguirão trabalho? Como pagarão pela creche que garante as condições que lhes permitem trabalhar? O que acontecerá com essas mulheres, que foram transformadas em personificações do inimigo da sociedade? Muitas delas buscarão modos alternativos de sobrevivência, já que não podem mais estar seguras nas políticas de bem-estar social. Muitas serão atraídas para a economia das drogas ou dos serviços sexuais, duas das principais alternativas disponíveis para pessoas excluídas da economia oficial. Isso as enviará diretamente para algum presídio ou prisão, e a presença delas ali justificará maior expansão do complexo industrial-prisional. Essa é uma estratégia evidente de culpabilização da vítima.

Já que estamos tratando da criação de inimigos públicos, devemos olhar para os ataques virulentos contra imigrantes. Não é por acaso que, à medida que a retórica anticrime e a retórica de oposição às políticas de bem-estar social avançaram, surgiu uma retórica contrária a imigrantes. Esse discurso é eficaz em criminalizar pessoas de outros países, especialmente das Américas e da Ásia, que vêm para os Estados Unidos buscando uma vida melhor.

Curiosamente, o maior número de imigrantes "ilegais" vem de países europeus. Mas é raro se pressupor que uma pessoa branca possa estar ilegalmente no país. Estudantes da Grã-Bretanha, da França e de outros países europeus às vezes permanecem nos Estados Unidos após a expiração do visto, mas raramente se sentem em risco, como acontece com a classe trabalhadora mexicana sem documentos. Muitas pessoas que imigraram da Europa, que são consideradas brancas, não temem as autoridades de imigração dos Estados Unidos. Por sua vez, pessoas de minorias étnicas e raciais com cidadania legal ou residência permanente muitas vezes temem o que o Serviço de Imigração e Naturalização (INS na sigla original)* pode fazer com elas. Sabem que, se esquecerem seu documento de identidade, podem ser deportadas. Sabem que foram transformadas em personificações do inimigo.

Nesses exemplos de produção de inimigos públicos, as comunidades referidas já são vulnerabilizadas pelo impacto do racismo. Na imaginação pública, elas se tornam personificações do inimigo, o inimigo público racializado.

---

* Immigration and Naturalization Service, extinto em 2003. (N. T.)

CONEXÕES ESTRUTURAIS

As conexões entre a criminalização da juventude negra e a criminalização de imigrantes não são aleatórias. Para entender as conexões estruturais que unem essas duas formas de criminalização, teremos que considerar as maneiras como o capitalismo global transformou o mundo. O que estamos testemunhando no fim do século XX é o crescente poder de um circuito de corporações transnacionais que não fazem parte de nenhum Estado-nação específico, das quais não se espera o respeito às leis de determinado Estado-nação e que atravessam fronteiras livremente sempre em busca da maximização dos lucros.

Deixem-me contar uma história sobre meu relacionamento pessoal com uma dessas corporações transnacionais, a Nike. Na década de 1970, quando a marca foi criada, eu estava começando a treinar como corredora amadora. Fiquei muito impressionada com uma pequena empresa do Oregon que produzia tênis de corrida inovadores. Meu primeiro par de tênis específico para corrida era Nike. Ao longo dos anos, fiquei tão apegada aos tênis Nike que me convenci de que não poderia correr sem eles. Já corri com Nike Air, Air Max, Air Max Squared. Mas desde que descobri as condições em que esses calçados são produzidos, não pude, em sã consciência, comprar outro par de tênis de corrida da marca. Pode ser verdade que Michael Jordan e Tiger Woods tenham contratos multimilionários com a Nike, mas na Indonésia e no Vietnã a empresa criou condições de trabalho que, em muitos aspectos, são análogas à escravização.

Não faz muito tempo, houve uma investigação na fábrica da Nike na cidade de Ho Chi Minh, e descobriu-se que mulheres jovens que trabalham nas fábricas dessa marca recebiam menos que o salário mínimo, que no Vietnã é de apenas 2,50 dólares por dia. Trabalhadoras da Nike ganham 1,60 dólar por dia. Considerem o valor pago pelos calçados da Nike e a grande diferença entre o preço e os salários. Essa diferença é a base dos crescentes lucros da empresa. Em um relatório sobre as fábricas da marca, Thuyen Nguyen, da organização Vietnam Labor Watch, descreveu um incidente durante o qual 56 mulheres foram forçadas a correr ao redor da fábrica de Ho Chi Minh porque não estavam usando os calçados certos.

> Um dia, durante nossa visita de duas semanas, 56 operárias de uma fábrica da Nike foram forçadas a correr pelas instalações porque não estavam usando os calçados definidos pelo regulamento. Doze pessoas desmaiaram durante a corrida e foram levadas para o hospital. Isso foi particularmente triste para a população vietnamita

porque ocorreu no Dia Internacional das Mulheres, um feriado importante em que o Vietnã homenageia as mulheres.

Essa é apenas uma de muitas ocorrências. Ler todo o relatório é indignar-se com o tratamento abominável sofrido por mulheres jovens e meninas que produzem os calçados e as roupas que usamos. Os detalhes do relatório incluem o fato de que, durante um turno de oito horas, as trabalhadoras só podem usar o banheiro uma vez e são proibidas de beber água mais de duas vezes. Há assédio sexual, assistência médica inadequada e horas extras excessivas. Qual foi a resposta da Nike a esse relatório? Convidar Andrew Young (outro homem negro ao lado de Tiger Woods e Michael Jordan) para ser o principal porta-voz da empresa com relação a essa investigação.

Talvez precisemos discutir a possibilidade de um boicote organizado à Nike. Há algum membro do time de basquete universitário aqui nesta noite? Os times de basquete costumam jurar sobre seus Nikes como se jura sobre a Bíblia, não é? Recentemente conversei com o músico de *hip-hop* Michael Franti, líder do Spearhead, que também joga basquete. Ele me disse que ia tentar mobilizar as pessoas com as quais joga para que parem de comprar tênis Nike. Dado o alcance global de corporações como a Nike, precisamos pensar em um boicote global.

As corporações se transferem para os países em desenvolvimento porque é extremamente lucrativo pagar à mão de obra salários de 2,50 dólares por dia ou menos. São 2,50 dólares por dia, não 2,50 dólares por hora, o que ainda seria um salário miserável. O McDonald's paga mais que isso. Além do mais, uma consequência direta da exploração de seres humanos que trabalham e vivem em países do Sul Global é a desindustrialização das cidades dos Estados Unidos. As empresas automobilísticas não querem mais pagar os salários e respeitar os benefícios exigidos pela United Automobile Workers of America. Em outras palavras, a migração de corporações para o Sul Global é em grande parte um ataque ao movimento sindical organizado. A questão que levantamos para nos ajudar a compreender a relação estrutural entre o capitalismo global e o complexo industrial-prisional está relacionada ao destino de todas as pessoas (e de seus filhos e suas filhas) que, ao longo da história, têm trabalhado para essas corporações que recentemente decidiram ser mais lucrativo estabelecer-se em um país do Terceiro Mundo onde escapam das exigências dos sindicatos. São exatamente essas pessoas que acabam participando de economias alternativas – da economia das drogas ilícitas – e acabam consumindo drogas ilícitas para aliviar a dor emocional de não conseguir sobreviver dignamente.

As corporações que migraram para o México, o Vietnã e outros países do Terceiro Mundo também acabam causando estragos nas economias locais. Criam economias monetizadas que substituem as economias de subsistência e produzem desemprego artificial. Em geral, o efeito das corporações capitalistas que colonizam países do Terceiro Mundo é a pauperização. Essas corporações criam pobreza com a mesma certeza com que extraem lucros gananciosos. Assim como avaliamos o destino de pessoas que ficam sem perspectiva de emprego quando as corporações saem das cidades dos Estados Unidos, também podemos refletir sobre o destino de pessoas que não conseguem mais viver em seus países de origem por consequência direta da presença de corporações capitalistas. Quando esses homens e essas mulheres reconhecem que não têm um futuro real em seus países de origem, muitas vezes olham para os Estados Unidos, que são falsamente representados no discurso público global como um lugar onde toda e qualquer pessoa vai prosperar, um lugar para ter uma vida melhor, um lugar para reconstruir vidas dilaceradas por corporações obcecadas por lucro.

As populações imigrantes costumam viajar pelas mesmas rotas que foram abertas pelas corporações migrantes. Só que no sentido inverso. Tudo o que querem é a oportunidade de uma vida digna. Mas aqui nos Estados Unidos essas pessoas que vêm em busca de trabalho são demonizadas e criminalizadas. São consideradas responsáveis pelo desemprego, detidas pelo INS e jogadas em centros de detenção que são um componente cada vez mais crucial do complexo industrial-prisional. A classe trabalhadora foge das terríveis condições de trabalho no Vietnã, correndo o risco de ser presa se não tiver documentos. A juventude negra empobrecida e também a vietnamita-estadunidense são convencidas por anúncios sofisticados da Nike – que têm como protagonistas nomes como Michael Jordan e Tiger Woods – de que não podem viver sem Nikes. Por isso, às vezes roubam dinheiro para pagar um par de Nikes de 120 dólares. São esses os processos que devemos descrever para quem acredita que os inimigos da sociedade são imigrantes, mães que recebem auxílios sociais e a população carcerária.

O COMPLEXO INDUSTRIAL-PRISIONAL

Esses processos revelam as condições econômicas e sociais que ajudaram a produzir o que chamamos de complexo industrial-prisional. As prisões capturam o caos que é intensificado pela desindustrialização. As pessoas ficam sem futuro. Empregos ficam indisponíveis porque corporações fecham suas fábricas nos Estados Unidos e atravessam as fronteiras nacionais em busca de mão de obra cada vez mais barata. Prisões e centros de detenção de imigrantes surgem para capturar quem se envolve em atos ilegais por estar em busca de uma vida melhor. E, paradoxalmente, essas novas prisões são representadas como uma fonte segura de emprego para quem as oportunidades de trabalho são escassas.

Muitas pessoas estão cientes do fato de que o maior complexo prisional federal do país está localizado não muito longe daqui, em Florence, Colorado. Antes da construção da Instituição Correcional Federal nessa cidade, habitantes locais venderam bolos e camisetas para arrecadar 128 mil dólares e adquirir o terreno que doaram ao Departamento de Supervisão de Prisões. O departamento aceitou o terreno e acabou construindo um complexo prisional de 200 milhões de dólares, que agora encarcera mais de 2.500 pessoas. As pessoas da comunidade se uniram para atrair a construção de presídios porque supunham que a presença de uma prisão impulsionaria a economia local.

Na verdade, um dos setores mais desenvolvidos da indústria da construção contemporânea é o de construção prisional. É onde estão os lucros. Isso significa, é claro, que há demanda por profissionais de arquitetura com interesse em projetar novas prisões. Há demanda por materiais de construção, projetos de celas e desenvolvimento de novas tecnologias. Em outras palavras, não é possível separar a crescente indústria da punição na economia em desenvolvimento da era do capitalismo global. Outra indicação do imbricamento da punição na economia capitalista é a tendência à privatização das prisões. Como todas as outras corporações capitalistas, as prisões privadas funcionam no princípio da maximização do lucro. Além disso, as corporações que não estão diretamente envolvidas na indústria da punição começaram a depender da mão de obra carcerária, porque o trabalho de mulheres, crianças e homens que vivem em países em desenvolvimento pode ser explorado mais plenamente.

As prisões tornaram-se parte integrante da economia dos Estados Unidos, e isso cria uma pressão, voltada para o lucro, pela expansão contínua do setor prisional. O processo é o de expandir as prisões, encarcerar mais pessoas e atrair mais corporações para a indústria da punição, gerando o impulso para uma expansão ainda maior e populações encarceradas ainda mais numerosas. Se não tentarmos intervir e parar esse processo agora, entraremos no próximo milênio como uma sociedade em que o encarceramento é cada vez maior. Quando digo que me assusto com essa possibilidade, estou falando como alguém que sabe o que é viver em condições de encarceramento. É claro que não posso fingir ter vivenciado os terrores criados pelas prisões e unidades de controle *supermax*. Mas posso dizer como foi difícil viver em condições de confinamento solitário por quinze meses. Quando penso naquele período de minha vida, percebo que tive uma vantagem sobre muitas pessoas porque fui estudante durante vários anos de minha vida. Estava acostumada a passar muitas horas sozinha, estudando. Estou falando sério quando digo que a leitura e a escrita me ajudaram a preservar minha sanidade. Leitura, escrita e ioga. Mas e as pessoas que não adquiriram as habilidades e a disciplina para estudar por horas a fio? Uma proporção substancial das pessoas enviadas para a prisão está em situação de analfabetismo funcional. Como podem sobreviver? Até que ponto as prisões produzirão, nos próximos anos, mais transtornos mentais enquanto alegam, falsamente, promover mais segurança?

Não pintei esse sombrio retrato de uma futura sociedade aprisionada porque quero que você se preocupe ou se deprima com o futuro. Ao contrário, quero que tenha ousadia, coragem e se prepare para contestar coletivamente o complexo industrial-prisional. Esse complexo industrial-prisional se materializou e cresceu rapidamente porque aprendemos a esquecer das prisões; nós as colocamos em segundo plano, ainda que estejam em nosso bairro – a menos, é claro, quando as queremos por acalentar a ilusão de que isso solucionará nossos problemas econômicos. Temos medo de enfrentar a realidade da indústria prisional mesmo quando temos parentes e pessoas amigas na prisão. Nas comunidades de minorias étnicas e raciais, quase todo mundo conhece alguém que esteve ou ainda está na prisão. Mas não aprendemos a falar sobre a centralidade da prisão em nossa vida. Não incluímos discussões sobre essa instituição em conversas diárias. Raramente ensinamos sobre o sistema prisional, exceto em cursos especializados que se apoiam em discursos acadêmicos que reforçam a ideia de que as prisões e seus regimes de repressão são instituições necessárias em uma sociedade que promete segurança. Não aprendemos a falar sobre as prisões como instituições que acumulam e escondem as pessoas que a sociedade trata como refugo.

As prisões permitem que essa sociedade descarte pessoas que enfrentam sérios problemas sociais e não reconheça que muitas delas estão apenas ferindo a si mesmas e precisando de ajuda. São simplesmente descartadas. Como um número desproporcional de pessoas atrás das grades pertence a minorias étnicas e raciais, o racismo estrutural facilita esse processo. Devido à colonização, à escravização e a outras formas históricas de violência racista, o uso efetivo do sistema de justiça criminal para descartar permanentemente grande parte da juventude de minorias étnicas e raciais é bastante consistente com modos anteriores de desumanização e destruição racistas. Não devemos esquecer que a maioria das mulheres que vão parar na prisão está encarcerada acusada de delitos relacionados a drogas e na maioria das vezes "sem uso de violência". Vamos nos lembrar de nossa discussão sobre a desestruturação do sistema de bem-estar social. O desmantelamento de instituições que aparentemente ajudam os seres humanos a sobreviver foi acompanhado por um crescimento no número e na intensidade das instituições repressivas. De acordo com o discurso popular conservador, as pessoas que estão na prisão merecem estar lá. Merecem ser descartadas. Se homens e mulheres pobres de minorias étnicas e raciais estão em prisões, é porque pertencem a esses lugares, e todas as outras pessoas estão absolvidas da responsabilidade de pensar neles e nelas. Aquelas pessoas que são aliviadas do fardo de pensar em quem está na prisão também estão desobrigadas de pensar na miríade de problemas sociais na vida e nas comunidades das pessoas presas. Estão desobrigadas de pensar em pobreza, analfabetismo, sistemas escolares ruins, racismo, drogas e assim por diante.

Mas aquelas pessoas entre nós que reconhecem os processos de criminalização que colaboraram para produzir o complexo industrial-prisional deveriam tentar esclarecer essas questões. Quem tem parentes ou amigos na prisão não deve sentir vergonha. As ideologias que sustentam o sistema prisional demonizam quem foi atingido por ele, e temos medo de admitir que conhecemos alguém do tipo que poderia estar atrás das grades. Mas os prisioneiros e as prisioneiras são como você e eu. Pode haver pessoas más na prisão, mas também há pessoas boas ali. Pode haver pessoas boas no chamado mundo livre, mas também há pessoas muito más que andam pelas ruas do mundo livre desfrutando de imunidade permanente.

Além disso, as prisões desempenham um papel central no processo de produzir o crime e de produzir quem comete o crime. Isso é válido tanto no sentido literal quanto no sentido ideológico mais amplo. No que diz respeito à produção literal do crime e de quem o comete, é evidente que a instituição da prisão, com seu vasto aglomerado de seres humanos, é um espaço que permite o compartilhamento de habilidades criminosas. Aprendi muito sobre a prática de "vangloriar-se" durante as poucas semanas em que vivi entre a população geral da prisão. Por exemplo, uma mulher se gabava de ter conseguido sair de uma loja com um aparelho de televisão em cores escondido entre as pernas. Claro, aparelhos de televisão do passado tinham telas bem menores. A escassez de atividades educativas e recreativas possibilitava que ela ensinasse às mulheres no corredor como andar naturalmente com vários objetos – livros e outras coisas – entre as pernas. Esse era o passatempo principal. Imagino quantas novas carreiras começaram nessas aulas. Se deseja refletir mais profundamente sobre o papel desempenhado pela prisão na produção da criminalidade, leia o livro *Vigiar e punir: nascimento da prisão*, de Michel Foucault*.

COMUNICAÇÕES ENTRE O MUNDO LIVRE E O MUNDO NÃO LIVRE

Então, o que fazer? Se concordarmos em começar reconhecendo que não há diferença essencial entre quem está na prisão e quem está no mundo livre, se tentarmos erradicar a vergonha que muitas vezes acompanha as revelações de que temos amigos e familiares na prisão, poderemos tentar estabelecer um contato maior entre o dentro e o fora, e entre a prisão e o que as pessoas presas chamam de "mundo livre". Do ponto de vista de prisioneiros e prisioneiras, nós vivemos no mundo livre. Esse mundo com certeza não é livre para muitas pessoas aqui, mas podemos ao menos aproveitar nosso direito de ir e vir, que excede em muito o de quem está atrás das grades. Talvez possamos reimaginar a relação entre as pessoas na prisão e as que são suas aliadas do lado de fora como uma retomada, em parte, da relação histórica entre pessoas escravizadas e abolicionistas. Vestígios óbvios de escravização persistem no sistema prisional dos Estados Unidos. A 13ª emenda aboliu a escravização para todos, exceto quem foi condenado por um crime. É por isso que sugerimos ser necessário um movimento abolicionista moderno. Nossa abordagem à abolição envolve muito mais que a abolição das prisões. Envolve também a criação de novas instituições que efetivamente abordem os problemas sociais que levam as pessoas à prisão.

Da mesma forma como o abolicionismo antiescravagista exigia novas escolas, o abolicionismo antiprisional também prioriza as instituições educacionais. É muito mais caro mandar uma pessoa para a prisão que mandá-la para uma faculdade ou universidade. Muitas pessoas que agora estão na prisão estariam

---

* Michel Foucault, *Vigiar e punir: nascimento da prisão* (trad. Raquel Ramalhete, 42. ed., Petrópolis, Vozes, 2014). (N. T.)

bem melhor em uma instituição de ensino como esta que encarceradas. E podem até se sair melhor que estudantes daqui.

E se estudantes, docentes, trabalhadores e trabalhadoras desta instituição pensassem em maneiras de criar linhas de comunicação entre faculdades e universidades comunitárias, de um lado, e comunidades prisionais, de outro? A coalizão entre comunidades acadêmicas e comunidades encarceradas pode produzir grandes mudanças. As pessoas que estão nas prisões geralmente são consideradas desprovidas de capacidade de ação. Muitas vezes não reconhecemos que pessoas presas são seres humanos que têm o direito de participar de projetos transformadores, grandes e pequenos. Nesse contexto, compartilharei minhas próprias experiências na criação de um fluxo produtivo entre prisão e universidade. Há alguns anos, dei uma aula sobre mulheres encarceradas no departamento de estudos da mulher da Universidade Estadual de São Francisco. Levei uma turma de estudantes da universidade até a penitenciária do condado de São Francisco, onde também dei uma aula. O pressuposto – tanto de estudantes quanto de pessoas presas – era que estudantes me ajudariam a ensinar as pessoas que estavam na prisão. No entanto, decidi colocar as pessoas encarceradas como professoras, ao menos no início. Elas ensinaram sobre a vida na prisão, o que acontecia lá, quais eram os principais problemas, e puderam decidir de que modo estudantes, que possuíam instrução formal, poderiam efetivamente ajudá-las. Essa inversão das supostas hierarquias de conhecimento criou um ambiente de aprendizado radical e estimulante. Além disso, ao fim do curso, estudantes que participaram das visitas às prisões buscaram formas de continuar a trabalhar com temas que ajudariam as pessoas presas.

Estudantes, docentes, representantes da comunidade, artistas e profissionais da cultura podem entrar em cadeias e prisões. Ao ministrar aulas, e principalmente ao questionar as hierarquias usuais, as trocas entre o dentro e o fora podem ser transformadoras. Como quem está dentro não pode sair, as pessoas que estão do lado de fora precisam bater nos portões de presídios e prisões do país. Esse seria um pequeno passo. Um desafio inicial à prisão ideológica que silenciou os protestos contra o complexo industrial-prisional.

Por fim, quero situar essas reflexões sobre o complexo industrial-prisional em um quadro mais amplo, que envolve um crescente conservadorismo político e um ataque contínuo à ação afirmativa. Nesta visita a Colorado Springs, não posso esquecer que a complexa organização Focus on the Family também está sediada aqui. O que ela tem de perigoso é sua representação ideológica da família. De acordo com suas visões conservadoras, a família em questão é a família nuclear patriarcal: o papel da mulher é ser boa esposa e mãe, e o papel do pai é ser o provedor e chefe da família. Isso significa que mães solo e suas crianças (especialmente se forem negras ou latinas e principalmente se a mãe estiver na prisão) não são consideradas uma família de fato. Essa construção particular da família também é heteronormativa. Gays e lésbicas podem nunca ter famílias "reais", de acordo com as pessoas da Focus on the Family, porque o resto de nós permaneceu relativamente em silêncio. Portanto, exorto cada pessoa que veio participar deste encontro comunitário a refletir profunda e seriamente sobre o que cada um e cada uma de vocês pode fazer para ajudar a criar um futuro hospitaleiro para todos nós.

RAÇA, CRIME E PUNIÇÃO

Universidade de Wisconsin, Madison
16 de novembro de 1999

Quero falar sobre uma série de questões inter-relacionadas que tenho acompanhado ao longo da maior parte da vida: os direitos da população prisional, os problemas urgentes, mas em geral não reconhecidos, enfrentados pelas mulheres nas prisões, e a forma complexa como o racismo se ancora nas práticas punitivas dos Estados Unidos. Em conjunto com muitas outras pessoas associadas ao movimento Critical Resistance*, tenho me dedicado a um projeto de longo prazo para criar um amplo movimento de massa contra o complexo industrial-prisional. Estamos tentando encorajar as pessoas por toda parte – nos *campi* universitários, nos locais de trabalho e nas próprias prisões – a pensar de forma crítica sobre o surgimento de um sistema prisional cada vez mais amplo, cada vez mais repressivo, e sobre as apostas econômicas, políticas e ideológicas na indústria da punição que têm criado um círculo de relações que restabelecem o desenvolvimento do complexo industrial-militar. O complexo industrial-militar não se limita aos Estados Unidos e não pode ser considerado em um contexto puramente local. Da mesma forma como o próprio capitalismo se tornou mais globalizado, as indústrias e as tecnologias prisionais também se globalizaram. Um dos desdobramentos mais alarmantes ligados ao complexo industrial-prisional global é a publicidade das novas prisões de segurança supermáxima – as *supermaxes* – realizada por empresas dos Estados Unidos na Europa, na África e em vários outros cantos no mundo.

Considerando-se o espectro de punição pública, a pena mais repressiva e desumanizante que se impõe é a morte. O fato de que as pessoas continuam a

---

* Critical Resistence é uma organização fundada em 1997 por Angela Davis, Rose Braz e Ruth Wilson Gilmore para combater o encarceramento em massa, defender os direitos da população prisional e promover o debate sobre a criminalização de certos grupos sociais, em especial as pessoas racializadas, desabrigadas, imigrantes e gênero-dissidentes. (N. T.)

ser submetidas à morte sob os auspícios de governos estaduais nos Estados Unidos é hoje uma sonora resposta a nosso atraso em relação a grande parte do mundo no que diz respeito às noções contemporâneas de direitos humanos, inviolabilidade da vida e propósito da punição e reabilitação. Se quisermos compreender as circunstâncias que permitiram o surgimento do complexo industrial-prisional, com seu necessário aumento da população prisional e suas tecnologias lucrativas, podemos começar rompendo o silêncio sobre a verdadeira cadeia de produção da morte que se estende hoje de um lado a outro do país. A relutância coletiva em combater criticamente a pena de morte encontra paralelo na relutância em promover um amplo debate público sobre punição e refletir sobre o que significa viver em um país em que quase 2 milhões de pessoas estão atrás das grades e quase 5 milhões estão sob controle direto do sistema de justiça criminal. O que significa afirmar que os Estados Unidos são uma sociedade democrática, mas que essa democracia depende fundamentalmente de instituições criminais e também da pena de morte? Prisões são instituições totalitárias, assim como a pena de morte é uma forma obsoleta e totalitária de punição.

Vocês, aqui em Wisconsin, podem alegar que seu estado foi capaz de conduzir o trabalho da justiça criminal sem recorrer à pena capital por cerca de 150 anos. Wisconsin aboliu a pena de morte em 1851 e é um dos doze estados abolicionistas do país. Neste momento, a pena de morte é ilegal nos estados de Havaí, Alasca, Iowa, Maine, Massachusetts, Michigan, Minnesota, Dakota do Norte, Rhode Island, Vermont, Virgínia Ocidental, Wisconsin e também no distrito de Columbia.

Existem atualmente mais de 3.500 pessoas no corredor da morte nos Estados Unidos. Na Califórnia, há 536 pessoas no corredor da morte, um número maior que a população sentenciada à morte em todo o país em 1969. O Texas pode reivindicar o segundo maior número de prisioneiros no corredor da morte, bem como um candidato presidencial que celebra descaradamente essa máquina mortal. A Flórida vem em terceiro, com 390 pessoas atualmente esperando que a sociedade as mate. A quarta maior população no corredor da morte pode ser encontrada na Pensilvânia: são atualmente 225 pessoas. O habitante mais conhecido da casa da morte da Pensilvânia é Mumia Abu-Jamal, hoje um de nossos intelectuais públicos mais importantes. Minha visita mais recente a Mumia me inspirou uma urgência maior em refletir sobre como aceitamos publicamente a pena capital e como fracassamos em nos comprometer de forma plena com a ideia de que, nesta sociedade, que se supõe democrática, damos permissão coletiva ao Estado para nos matar. No momento, aproximadamente 35 pessoas foram informadas das datas de sua execução. Vários dias atrás, um homem chamado Leroy Joseph Drayton foi executado na Carolina do Sul.

A maior normalização da pena capital ocorre de maneira insidiosa. O caso do Texas, no ano passado, que resultou do linchamento de um cidadão estadunidense, James Byrd, foi especialmente preocupante. Três homens brancos foram condenados por acorrentar Byrd a uma caminhonete e, de forma deliberada, arrastá-lo até a morte. Quando o primeiro réu foi considerado culpado e condenado à morte, a revista *Jet* publicou a fotografia de um policial branco abraçado a um policial negro, aparentemente celebrando o caminho para a igualdade pavimentado pela execução e pela morte. Se o direito de executar pessoas brancas por matarem pessoas pertencentes a minorias étnicas e raciais se tornou a medida da igualdade, estamos em sérios apuros. Aliás, para onde iremos se as pessoas que se consideram antirracistas podem ser seduzidas a esse ponto para se unirem às fileiras que apoiam a pena capital?

Em maio passado, participei de uma vigília em frente à prisão de San Quentin. Naquela noite, o estado da Califórnia matara um homem negro de cinquenta anos chamado Manny Babbitt. Ele foi executado. De forma sarcástica, a data da execução coincidiu com seu quinquagésimo aniversário. Então, entre as pessoas que se reuniram para a vigília, estava a família dele, celebrando seu aniversário e, ao mesmo tempo, testemunhando sua morte. Manny Babbitt cometera um terrível ato de violência. Seus advogados argumentaram que, quando matou uma mulher de 78 anos, ele estava passando por um episódio de estresse pós-traumático relacionado a suas experiências no Vietnã, onde participou de uma das mais sangrentas batalhas da guerra. No Vietnã, ele matou, foi ferido, dado como morto e recobrou a consciência dentro de um helicóptero, onde havia sido jogado sobre um amontoado de corpos. Curiosamente, Babbitt recebeu um Purple Heart, condecoração que o governo dos Estados Unidos lhe entregou no corredor da morte em San Quentin; depois de executado, foi enterrado com todas as honras militares. Esse homem, a quem o Estado ensinou a matar com toda a eficiência, voltou do Vietnã e matou de novo, matou de forma terrível. E no fim o Estado o matou também. Esse caso revela muitas das contradições em torno da pena de morte. Manny Babbitt tinha cinquenta anos. Na Califórnia, há atualmente uma iniciativa, apoiada por nosso novo governador democrata, Gray Davis – a Juvenile Criminal Justice Initiative – que propõe *reduzir* a idade em que uma pessoa pode ser sentenciada à pena de morte, de modo que pessoas cada vez mais jovens serão executadas em San Quentin no futuro.

Convido vocês a pensarem realmente a sério sobre essa maquinaria de morte. Convido vocês a refletirem sobre as razões pelas quais, no mundo industrializado, apenas os Estados Unidos promovem a execução de civis de maneira arrogante e rotineira. Inúmeros paradoxos históricos podem ser descobertos na perpetuação da pena capital, mas nenhum é tão revelador quanto o fato de que o encarceramento, como instituição, foi introduzido na era do avanço da democracia como alternativa, justamente, à punição corporal e capital. O encarceramento como punição, com todos os seus problemas e as suas contradições, deveria substituir e suplantar a pena capital.

PRISÃO E DEMOCRACIA

Historicamente, a penitenciária surge quase ao mesmo tempo que a ideia de uma sociedade em que cidadãos e cidadãs são definidos como sujeitos portadores de direitos. Aliás, no fim dos anos 1700, a pena capital era vista como tão obsoleta quanto a monarquia. A penitenciária foi introduzida como alternativa humanitária à punição corporal e à imposição da morte. A forma nova, alternativa, de punição consistia em privar as pessoas de direitos e liberdades. A privação da liberdade era a natureza essencial da própria punição. Tal concepção de punição só era possível em uma sociedade que reconhecesse seus cidadãos e suas cidadãs como sujeitos portadores de direitos. Ou seja, só era possível em uma sociedade em que as pessoas deveriam ser livres. As primeiras penitenciárias foram consideradas progressistas, pois deveriam ser lugares onde as pessoas que cometessem crimes seriam privadas de sua liberdade para que pudessem se arrepender e se transformar. Embora as penitenciárias históricas fossem exaltadas como supostas alternativas ao castigo corporal, eram locais de grande sofrimento – mental e emocional, quando não físico.

A imposição da prisão era considerada humanitária e democrática, especialmente porque substituía penas corporais e capitais. É interessante que a noção de punição como violência infligida ao corpo voltou a se insinuar em práticas e discursos criminológicos bastante difundidos. Muita gente foi levada a acreditar que as pessoas não só deveriam ser mandadas para a prisão, mas também, enquanto lá estivessem, deveriam ser tratadas de forma repressiva e deveriam perder os direitos humanos – o direito à educação, aos esportes recreativos, por exemplo – historicamente reservados à população encarcerada. É possível traçar esse padrão de repressão crescente dentro do sistema prisional observando as diferenças entre as prisões femininas de meados e do fim do século XX. Na Califórnia, por exemplo, a California Institution for Women, que já foi a maior prisão feminina do mundo, baseou-se originalmente no modelo doméstico associado ao movimento reformatório*. Como as mulheres eram consideradas cidadãs de segunda classe (que não gozavam de muitos dos direitos atribuídos aos homens), o papel reformatório do presídio feminino tinha como objetivo transformar as mulheres criminosas em boas esposas e mães.

No mês passado, o programa *Nightline*, de Ted Koppel, produziu uma série de seis episódios no interior daquela que é hoje a maior prisão para mulheres do mundo, a Valley State Prison, localizada em Chowchilla, na Califórnia. Valley State é um nome estranho para uma prisão, porque soa como o nome de uma faculdade. Afinal, há a Mississippi Valley State University, a Grand Valley State University, a Saginaw Valley State University e muitas outras. Vista de fora, essa prisão feminina não parece diferente das prisões masculinas de segurança máxima mais repressivas. Embora muitas questões tenham sido apontadas durante a semana em que Koppel permaneceu dentro da prisão, os problemas mais alarmantes giravam em torno dos cuidados de saúde. Como Koppel revelou em entrevistas, muitas das mulheres têm medo de se consultar com o médico da prisão, por temer inúmeros e desnecessários exames ginecológicos impostos pela equipe. Depois de ouvir várias delas contarem ter ido ao médico com dor de cabeça ou resfriado e serem submetidas a um exame pélvico, Ted Koppel perguntou ao diretor médico da Valley State se isso era verdade. O diretor médico respondeu, diante da câmera: "Esse é o único toque masculino que a maioria dessas mulheres recebe. Muitas gostam".

Antes que a série fosse editada, Ted Koppel entregou as fitas para a mídia local em Chowchilla. Consequentemente, a entrevista foi transmitida no

---

* O movimento reformatório foi o processo de criação, nos Estados Unidos da segunda metade do século XIX, de instituições prisionais exclusivas para mulheres. Nas prisões mistas, as mulheres estavam sujeitas a violência e preconceito e eram consideradas transgressoras não apenas das leis, mas das normas socialmente estabelecidas para o gênero feminino. A criação das prisões femininas tinha, assim, o objetivo de "regenerar" as mulheres para que se adequassem a essas normas. (N. T.)

noticiário e, em pouco tempo, a chefe do Departamento de Correções da Califórnia anunciou que o diretor médico havia sido demitido de seu cargo. Ela ressaltou que ele permaneceria como funcionário do Departamento de Correções da Califórnia, mas não seria mais responsável pelos cuidados médicos na maior prisão feminina do mundo. Além disso, foi anunciado que ele nunca mais teria permissão para contato direto com pacientes mulheres no sistema prisional. Embora esta tenha sido uma pequena vitória, não podemos deixar de fazer perguntas sobre as condições internas das prisões femininas que possibilitaram atitudes e abusos sexuais explícitos como esses, camuflados de tratamento médico.

Dois anos atrás, Radhika Coomaraswamy, a relatora especial das Nações Unidas sobre violência contra a mulher, visitou prisões femininas em todos os Estados Unidos. Ela tentou visitar a Valley State, mas as autoridades da prisão recusaram-se a aprovar sua visita. O que significa viver em uma democracia na qual existem instituições de acesso restrito que empregam práticas repressivas e totalitárias? Muitas dessas práticas são justificadas pela demonização de quem vive dentro dessas instituições. Mas, independentemente do que tenha feito, ninguém merece ser vítima de objetificação e abuso sexual. Além disso, há uma ampla variedade de pessoas na prisão. Algumas cometeram crimes horríveis. Algumas talvez precisem ser isoladas da sociedade para fins de tratamento. No entanto, há quem tenha cometido atos pequenos e não violentos. Há pessoas na prisão por fraudar o sistema de benefícios sociais. Há quem esteja na prisão porque tem problemas sérios com drogas. A maioria das mulheres e muitos dos homens que estão em prisões enfrentam acusações relacionadas a drogas. No entanto, tendemos a pensar em "prisioneiros" e "prisioneiras" em termos que não permitem distinções entre os quase 2 milhões de indivíduos que vivem nessas instituições hoje. No imaginário popular, há uma concepção homogênea de quem está na prisão.

A maioria de nós imagina a pessoa encarcerada como negra. E, é claro, as pessoas negras constituem quase metade da população carcerária – não apenas aqui em Wisconsin, mas em todo o país. Obviamente, em Wisconsin vocês têm uma situação ainda mais grave porque as pessoas negras constituem apenas 4% ou 5% da população do estado, mas são cerca de 50% da população carcerária. Nosso sistema de justiça criminal envia um número cada vez maior de pessoas para a prisão, primeiro roubando-lhes moradia, assistência médica, educação e bem-estar e depois punindo-as quando participam de economias clandestinas. O que devemos pensar de um sistema que, por um lado, sacrificará serviços sociais, compaixão humana, moradia e escolas decentes, saúde mental e empregos, enquanto, por outro lado, desenvolverá um sistema prisional cada vez maior e mais lucrativo que sujeita um número crescente de pessoas a regimes de coerções e abusos diários? Os regimes violentos no interior das prisões inserem-se em uma sequência contínua de repressão que inclui a morte de civis com sanção do Estado.

RAÇA, CLASSE E PENA CAPITAL

Eu gostaria de poder dizer que o único grande problema que enfrentamos neste país é a obsolescência da pena de morte. Gostaria de poder dizer, de forma sensata, que só precisamos de uma campanha mais eficaz contra a pena de morte e que, assim que conseguirmos abolir a pena capital, teremos feito um trabalho importante para salvaguardar a democracia e construir um futuro radicalmente democrático. Se é verdade que a pena capital precisa ser entendida em sua relação com o complexo industrial-prisional, os dois temas exigem que abordemos as questões mais amplas do racismo e do preconceito de classe: 35% das pessoas executadas desde 1976 eram negras; 43% das pessoas no corredor da morte hoje são negras, 8% são latinas, 46% são brancas. Embora 50% de todas as vítimas de assassinato sejam brancas, nos casos punidos com sentença de morte esse número sobe para 84%. Por que algumas pessoas são condenadas à morte e outras não?

Se vocês olharem para as pessoas presas no corredor da morte, verão que quase todas são pobres. De modo geral, a população branca no corredor da morte é economicamente empobrecida. Em outras palavras, raça e classe juntas produzem o contexto social que serve para determinar quem será enviado para a casa da morte e quem terá a vida salva. Então, o que significa consentir com um sistema de punição no qual a situação econômica pode perfeitamente determinar quem vai viver ou morrer?

Existe uma correlação entre a adoção cada vez maior da pena capital e o problema crescente da brutalidade policial, como prova o recente assassinato de Amadou Diallo por policiais. Todos conhecemos bem a criminalização da raça embutida na filtragem racial das abordagens de segurança pública. As pessoas que estão no corredor da morte deste país são as mesmas que são criminalizadas ao conduzir um veículo, porque são negras, porque são marrons.

A filtragem racial perpetrada em departamentos de polícia de todo o país é apenas um sinal de até que ponto as práticas policiais são profundamente influenciadas pelo racismo.

RACISMO CONTRA PESSOAS REFUGIADAS E IMIGRANTES

O tratamento coercitivo reservado pelo Serviço de Imigração e Naturalização (INS na sigla original) a pessoas refugiadas e a imigrantes está inter-relacionado com a pena capital, o complexo industrial-prisional e a violência da polícia. O INS tem hoje o maior grupo de agentes federais armados do país. Há mais agentes armados do INS, por exemplo, que do FBI. E por que a imigração emergiu como um problema tão importante? Não se pode negar que a imigração está em ascensão. Em muitos casos, no entanto, as pessoas são obrigadas a deixar seus países de origem porque as corporações estadunidenses prejudicaram a economia local por meio de acordos de "livre-comércio", ajuste estrutural e influência de instituições financeiras internacionais como o Banco Mundial e o Fundo Monetário Internacional.

Em vez de definir a "imigração" como a fonte da atual crise, é mais correto dizer que o *déficit habitacional* do capital global é o responsável por muitos dos problemas que as pessoas enfrentam em todo o mundo. Diversas corporações transnacionais que costumavam ser obrigadas a cumprir um mínimo de regras e regulamentos nos Estados-nação onde estão sediadas encontraram maneiras de escapar dos obstáculos a práticas de trabalho cruéis, desumanizantes e exploradoras. Agora, essas corporações são livres para fazer praticamente qualquer coisa em nome da maximização dos lucros. Hoje, 50% de todas as roupas compradas nos Estados Unidos são feitas no exterior, por mulheres e meninas da Ásia e da América Latina. Muitas imigram dessas regiões para este país na esperança de encontrar trabalho, porque não conseguem mais ganhar a vida em seus países de origem. As economias originais foram desalojadas por corporações globais. Mas o que essas mulheres encontram aqui nos Estados Unidos? Mais confecções clandestinas. Na verdade, mesmo as empresas que afirmam que seus produtos são fabricados nos Estados Unidos frequentemente dependem de confecções clandestinas que pagam menos que o salário mínimo para mulheres e meninas.

Alguns anos atrás, a Asian Immigrant Women Advocates conduziu uma campanha bem-sucedida contra Jessica McClintock, cuja empresa vendia vestidos de festa por 175 dólares cada um, em média, ao mesmo tempo que contratava confecções que pagavam às mulheres asiáticas que não falavam inglês apenas cinco dólares para que costurassem cada vestido. Grandes corporações como a Jessica McClintock Inc. raramente se envolvem de forma direta com a mão de obra de confecções clandestinas. Elas operam por meio de subcontratantes – no caso da McClintock, a Lucky Sewing Company. Quando a subcontratante declarou falência e fechou, deixando de pagar às trabalhadoras os insignificantes cinco dólares por vestido costurado, as mulheres processaram Jessica McClintock. O incrível boicote que se seguiu ensinou a muitas mulheres jovens que dançar com os vestidos de Jessica McClintock na noite de formatura significava vestir o próprio corpo com a exploração de mulheres asiáticas. Pessoas sem documentos podem ser amontoadas em centros de detenção, alguns geridos por instituições privadas com fins lucrativos e outros sob vigilância direta de agentes armados do INS. Essas figuras armadas desempenham um papel importante no complexo industrial-prisional.

DROGAS

Quando falamos em complexo industrial-prisional e não simplesmente em sistema prisional, estamos nos referindo ao conjunto de relações econômicas e políticas no qual o sistema de punição se entranhou. A punição tornou-se um importante setor da economia estadunidense. Em maio passado, pouco depois de comparecer à vigília por Manny Babbitt na prisão de San Quentin, visitei uma prisão feminina na Austrália. Visitei também presídios femininos no Brasil, na Holanda e em Cuba, e o que me impressiona é o aparente grau de similaridade entre os padrões de racialização. Quem eu vi na prisão australiana? Jovens mulheres aborígines dependentes de heroína. Ninguém pergunta por que nem como elas *se tornaram dependentes de heroína*. Ninguém pergunta por que a população aborígine empobrecida da Austrália e a população negra e latina empobrecida dos Estados Unidos são tão atraídas por substâncias que alteram a consciência.

Qual seria o significado de pensar sobre a questão das drogas de forma mais ampla, de modo a refletir sobre drogas psicotrópicas lícitas e ilícitas? Podemos descobrir uma relação entre as maneiras como as empresas farmacêuticas apresentam suas drogas como panaceias, em particular a nova geração de drogas psicotrópicas, que inclui Paxil, Zoloft e Prozac. Talvez essas substâncias tenham ajudado muitas pessoas, mas, quando representadas como a solução para problemas psicológicos complexos, quando apresentadas como remédios milagrosos, a reverberação dessas propagandas atinge também quem não pode pagar médicos para prescrever o Prozac. A retórica da mídia, principalmente nas campanhas publicitárias, afeta pessoas que talvez não tenham uma via legal de acesso às drogas, mas para quem os mercados ilegais estão sempre disponíveis. Algumas vão para a prisão por usar drogas psicotrópicas, enquanto outras são parabenizadas pelo mesmo motivo. Classe e raça marcam essa diferença.

IMAGINAR NOVAS PAISAGENS GEOGRÁFICAS E SOCIAIS

Por que nós, neste país, achamos tão difícil imaginar uma sociedade em que as prisões não sejam uma característica marcante da paisagem geográfica e social? Nosso imaginário popular empobrecido é responsável pela falta ou escassez de conversas sobre a redução do número de prisões e a ênfase no desencarceramento contra o aumento do encarceramento. Em especial diante do fato de que os recursos que poderiam financiar serviços destinados à prevenção do envolvimento das pessoas em comportamentos que levam à prisão estão sendo usados para construir e operar prisões. Justamente quando os recursos de que precisamos para evitar que as pessoas sejam enviadas para a prisão estão sendo devorados pelo sistema prisional. Isso significa que a prisão reproduz as condições de sua própria expansão, garantindo sua autoperpetuação.

A campanha internacional contra a pena capital resultou na abolição da pena de morte em dois terços dos países do mundo. Desde 1976, países como Portugal, Dinamarca, Holanda, Nova Zelândia e África do Sul tornaram-se abolicionistas. Como destaquei antes, Wisconsin é um entre apenas treze estados abolicionistas; se incluirmos Washington, D.C., são catorze. A maioria de vocês está ciente do fato de que atualmente existem campanhas em todo o país para abolir por completo a pena de morte. Mas vocês estão cientes de que há campanhas semelhantes para abolir as prisões? Quantos já ouviram falar do abolicionismo prisional? Infelizmente, apenas alguns. O que significa abraçar uma estratégia de abolicionismo carcerário ao mesmo tempo que clamamos pela abolição da pena de morte, em especial porque a prisão é tradicionalmente apresentada como a alternativa lógica e humanitária à pena capital?

O que é um crime? Como se define o crime? A definição legal fundamental de crime é: ação que viola a lei. Onde quer que tenham infringido a lei, vocês cometeram um crime. As pessoas geralmente se referem aos crimes como delitos graves, não contravenções ou infrações de trânsito. No entanto, viola-se a lei o tempo todo. Quando não respeita uma placa de "Pare", por exemplo, você infringe a lei. Especialistas pesquisaram até que ponto os indivíduos violam a lei ou cometem delitos realmente graves e descobriram que há muito mais pessoas que cometem crimes que as que chegam a ir para a prisão. A questão é: *o que determina quem deve pagar por esses crimes?* Por que uma pessoa que rouba uma fatia de pizza – este é um caso famoso em Los Angeles – acaba sentenciada a 25 anos sob a cláusula das três infrações, enquanto alguém que comete o mesmo ato não é preso? Raça, classe e gênero são todos fatores que ajudam a determinar quem realmente é punido e como. A questão é que a punição não é consequência lógica do crime. A punição nem sempre acompanha o crime, e vocês também podem argumentar que outros fatores além do crime desempenham um papel importante para determinar quem é punível e quem não é. Isso significa que podemos desenvolver uma análise mais convincente do complexo industrial-prisional se desarticularmos crime de punição. O esforço para abolir as prisões concentra nossa atenção em tornar o mundo habitável para todas as pessoas, independentemente das condições econômicas ou da origem racial; concentra a energia em ajudar, em vez de prejudicar, uns aos outros.

Quando a prisão foi proposta pela primeira vez como alternativa às penas corporais e capitais, o argumento apaixonado de quem a defendia era de que ela poderia regenerar, reabilitar e preparar as pessoas para serem melhores cidadãos e cidadãs e lhes daria a oportunidade de refletir seriamente sobre a vida e estabelecer um relacionamento com Deus. Por isso ela foi chamada de *penitenciária*. Era um lugar de *penitência*. Como a essência dessa reação social ao crime, nesse momento histórico inicial, era a reabilitação, parecia que reconhecer o fracasso da reabilitação conduziria à discussão de novas formas de lidar com o crime. Hoje ninguém espera que as pessoas que vão para a prisão saiam regeneradas. Na verdade, muitas saem em condições bem piores que quando entraram.

Criminologistas usam cada vez mais o termo "incapacitar". Prisões são projetadas para incapacitar. A linguagem reverbera claramente a pena de morte. Ainda mais agora, com as leis das três infrações e as penas mínimas obrigatórias, as prisões implicam uma incapacitação prolongada de seres vivos enquanto a pena de morte – a pena capital – leva à incapacitação permanente por meio do assassinato.

Como permitimos que isso acontecesse? Vocês já olharam para uma prisão e se perguntaram o que estaria acontecendo atrás daqueles muros? Já olharam para o arame farpado e se perguntaram como seria viver naquelas condições repressivas? Já lhes ocorreu que pessoas como vocês estão na prisão, pessoas que podem ter cometido um erro e nunca tiveram a oportunidade de retomar o caminho certo? Ao contrário, elas foram descartadas, tratadas como lixo, como detritos. A incapacidade das pessoas dentro das prisões é uma morte em vida que nos permite compreender a perpetuação da incapacitação permanente que é a pena capital. A abolição – da pena capital e das prisões – deve ser concebida como a alternativa inovadora e humanizante à incapacitação. Podemos aprender, com os erros da abolição do sistema escravista, a conceituar de forma mais efetiva a abolição da incapacitação pela pena de morte e pela detenção. Se a instituição repressiva for abolida apenas negativamente, sem ser substituída por instituições que promovam liberdades substantivas, a repressão prosseguirá, pois o legado da escravização persiste até hoje.

Precisamos, portanto, de escolas – escolas que não tenham a aparência e não transmitam a sensação das prisões. Um dos motivos pelos quais tantos jovens empobrecidos acabam na prisão é que ocorre uma transição perfeita da escola para o centro socioeducativo juvenil e para a prisão. Desde a escola primária, as crianças já são tratadas como prisioneiras. Quando a mensagem que recebem na escola é de que existem neste mundo como objetos de vigilância e disciplina e que agentes de segurança são mais importantes e detêm mais poder que profissionais de ensino, elas estão aprendendo a ser prisioneiras. Também precisamos de cuidados de saúde mental para pessoas que não podem se dar ao luxo de ir a clínicas caras. Presídios e prisões tornaram-se praticamente depósitos de seres humanos – lugares onde a sociedade descarta pessoas empobrecidas que têm transtornos emocionais e mentais graves. Precisamos de programas para o problema das drogas. Pessoas empobrecidas que querem tratamento para a dependência de drogas não têm para onde ir. Não há um caminho imediato das ruas para um centro de reabilitação de dependência química. Em termos gerais, a abolição prisional envolve o desmantelamento de instituições antigas e a criação de novas.

Portanto, consideramos a ação afirmativa uma dimensão importante para uma abordagem abolicionista radical das prisões e da sociedade. Não é por acaso que os estados que aboliram as ações afirmativas têm as maiores populações carcerárias do país. Na Califórnia, um homem negro tem cinco vezes mais chances de ser encontrado em uma cela que na sala de aula de faculdades e universidades públicas. Vocês que estão aqui na Universidade de Wisconsin frequentam uma universidade pública que deveria ser muito mais acolhedora do que é hoje com as pessoas que estão presas ou que foram libertadas das prisões. Vocês podem, no mínimo, começar a aplicar algumas das habilidades críticas que estão adquirindo aqui para imaginar e defender novas paisagens geográficas e sociais nas quais a morte infligida pelo Estado e a incapacitação provocada pela prisão sejam memórias de um passado distante.

RAÇA, PODER E PRISÕES DESDE O 11 DE SETEMBRO

Metro State College, Denver
1º de março de 2002

Quando a figura de Osama bin Laden começou a se definir no imaginário público como o epítome do mal, a reação comum foi um medo coletivo generalizado. Ao chamar atenção para a dimensão ideológica da "guerra ao terror", não pretendo minimizar a enorme perda de vidas humanas e o profundo sofrimento gerado pelos ataques do 11 de Setembro. No entanto, quero olhar para a estratégia política por trás do pânico moral que se condensa na figura de Bin Laden. Essa estratégia ecoa o programa político da era McCarthy: produzir certo pânico moral a fim de combater o comunismo. Também ecoa as justificativas retóricas para o encarceramento em massa. Durante a era McCarthy, comunistas eram a própria encarnação do mal. A partir de meados da década de 1980, as pessoas que cometiam crimes passaram a ser retratadas como a face do mal. Agora estamos testemunhando o uso de uma estratégia política semelhante para justificar uma guerra poderosa contra o terrorismo. Filosoficamente, a evocação do "mal" requer uma concepção simultânea e implícita do "bem". O mal sempre exige seu oposto.

No caso do comunismo, o oposto, a encarnação do bem, tem sido o capitalismo. No caso do crime, com sua racialização subjacente, a encarnação do bem é a pessoa branca e íntegra de classe média. Quando Osama bin Laden se torna a encarnação do mal, quem representa a força gêmea do bem? Antes de 11 de setembro de 2001, seria impossível imaginar George W. Bush como avatar da justiça. No entanto, o atual pânico moral é construído de forma a posicionar Bush como o salvador nacional que enfrenta Osama bin Laden, o inimigo por excelência. Depois do 11 de Setembro, a população parece ter esquecido rapidamente que uma parcela significativa de nós nem sequer estava persuadida de que Bush era o presidente legitimamente eleito dos Estados Unidos. Não podemos esquecer que, antes do 11 de Setembro, militantes da luta antiprisional destacam que a suspensão do direito ao voto das pessoas detentas ou ex-detentas possibilitou a ascensão de Bush ao poder. Se uma pequena fração dos 400 mil homens negros impedidos de votar no concorrido estado da Flórida (por serem criminosos ou ex-criminosos) tivesse votado, Bush não teria sequer emergido como candidato sério.

O atual clima de medo gerou uma forma extremamente masculinista de nacionalismo que milita contra o senso de democracia necessário para que as massas defendam as liberdades civis, defendam os direitos dos imigrantes e se manifestem contra a filtragem racial em abordagens de segurança pública de pessoas de origem árabe, muçulmana, médio-oriental e sul-asiática. Um mês após os ataques do 11 de Setembro, o jornal *The New York Times* publicou um artigo baseado em entrevistas com viajantes que contavam o que fariam se um sequestrador tentasse assumir o controle do avião em que estavam. Um homem disse que todos os passageiros do sexo masculino deveriam se levantar e lutar. "Triste do homem que fica parado durante um sequestro. Acho que a população dos Estados Unidos como um todo, especialmente os homens, está muito apreensiva em relação a isso agora."[1] Depois, pensando melhor, ele acrescentou as mulheres em seu cenário hipotético, sugerindo que elas poderiam "agarrar uma perna e morder com força". Convido vocês a refletir sobre o quadro masculinista e heteronormativo no qual a nação é representada nesse momento de crise. A crise permite compreender que uma nação sempre se constituiu a partir da exclusão. Isso nos ajuda a perceber como o próprio processo de acolher comunidades antes marginalizadas – negra, latina e algumas asiático-estadunidenses, por exemplo – leva à exclusão de grupos sul-asiáticos, médio-orientais, árabes e muçulmanos.

O nacionalismo nunca foi isento de perigos. Ele cria perímetros estreitos em torno da comunidade, e os processos de exclusão e proibição constituem sua essência. As mobilizações militaristas defendem a nação de inimigos, reforçando, assim, hierarquias excludentes baseadas em gênero e sexualidade. Reconhecer as armadilhas do nacionalismo deve nos levar a refletir sobre formações comunitárias que se estendem para além das fronteiras nacionais. Logo depois do 11 de Setembro, quando as pessoas estavam de luto, repensando a vida, contemplando o que era importante e o que poderia não ser, muitos indivíduos se sentiram motivados a entrar em contato com familiares e amigos.

---

[1] Sam Howe Verhovek, "Air Passengers Vow to Resist Any Hijackers", *The New York Times*, 11 out. 2001.

Independentemente de termos parentes e amigos que morreram nos ataques, todos sentimos instintivamente a necessidade de laços comunitários. Diante da manifestação de condolências de todo o planeta, essa tragédia poderia ter servido como ocasião para alcançar e criar laços comunitários com pessoas de outras regiões do mundo. Por que não pensamos em fortalecer a solidariedade com as pessoas da Ásia central? Da África? Pessoas em todos os lugares foram abaladas pelos ataques ao World Trade Center e ao Pentágono. Por que tantas pessoas nos Estados Unidos se convenceram de que a nação tinha de se fechar e se comportar como uma fortaleza sitiada? Não teria feito mais sentido estender a mão, expandir e criar a solidariedade que se fechar no abrigo da nação, sacando todas as armas e explodindo quem se aproximasse?

A LEI PATRIÓTICA DOS ESTADOS UNIDOS

Será extremamente difícil reverter os dispositivos repressivos da Lei Patriótica dos Estados Unidos* para deportação, detenção e vigilância, bem como a restrição deliberada das liberdades civis que ela cria. Vocês se lembram de alguma discussão séria, antes da aprovação desse projeto, no Congresso ou na esfera pública como um todo? No momento, existem milhares de imigrantes em centros de detenção. Durante o mês de novembro, o governo decidiu reter todas as informações estatísticas sobre as pessoas que estavam detidas em centros do Serviço de Imigração e Naturalização (INS na sigla original). Em alguns casos, as únicas pessoas que estão cientes das prisões feitas pelo FBI e pelo INS são provavelmente amigos e familiares dessas pessoas, muitas vezes removidas arbitrariamente de seus locais de trabalho e de suas casas. Nessas condições, podemos, em sã consciência, afirmar que vivemos em uma democracia? Essa palavra é invocada repetidas vezes para justificar suas próprias contradições, especialmente quando sai da boca de George W. Bush.

Os paralelos sinistros com a era McCarthy ficam particularmente evidentes para mim, considerando meus próprios encontros de infância com o FBI. Meus

---

* A Lei Patriótica dos Estados Unidos (*USA PATRIOT Act*) consistia em uma série de dispositivos legais instituídos pelo governo George W. Bush em outubro de 2001 que permitia a adoção de diversas medidas de segurança, inteligência e investigação criminal sem autorização da justiça em casos de suspeita de práticas terroristas por pessoas de cidadania estadunidense ou estrangeira. A lei vigorou de 2001 a 2011 e foi prorrogada por mais quatro anos pelo presidente Barack Obama. Em 2015, foi substituída pela Lei da Liberdade. (N. T.)

pais tinham amigos que eram membros do Partido Comunista, e alguns deles foram forçados à clandestinidade durante a década de 1950. Como resultado, as pessoas de minha família com frequência eram seguidas por agentes do FBI. Aos cinco anos, aprendi a identificá-los e a não dar nenhuma informação a eles. O único crime dos amigos de meus pais era acreditar no socialismo. Devido ao pânico moral que decretou que comunistas eram pessoas inimigas do Estado, inúmeras instituições foram expurgadas de comunistas, seus aliados e pessoas que simplesmente acreditavam na democracia.

Joseph McCarthy e seus apoiadores políticos conservadores não foram os únicos responsáveis pelos expurgos anticomunistas na academia, no movimento trabalhista e em Hollywood. Progressistas também foram responsáveis. Estas eram as pessoas que estavam com medo, que pensavam que poderiam ser associadas ao comunismo se não se expressassem contra ele de forma vigorosa. Vocês entendem? Muitas pessoas que se identificavam com a esquerda concordaram – algumas simplesmente ficando em silêncio – com a campanha para erradicar as ideias progressistas de dentro das principais instituições de nosso país.

Nós que temos atuado no movimento antiprisional na última década notamos clara semelhança entre a representação do terrorista e a representação do criminoso. O público já estava preparado para a mobilização de emoções nacionalistas com base no medo de um inimigo racializado. Isso já havia ocorrido em relação à chamada guerra ao crime e, aliás, permitiu o surgimento de um vasto complexo industrial-prisional que não só impulsionou pressupostos ideológicos já difundidos de que segurança e proteção eram função do encarceramento de um grande número de pessoas de minorias étnicas e raciais, como, ao longo desse processo, criminalizou imigrantes sem documentos. E a expansão do INS como aparato de policiamento e prisão foi, como podemos perceber agora, um ensaio grandioso para o momento presente.

O contingente de mais de 2 milhões de pessoas encarceradas nos Estados Unidos, os novos modelos prisionais, como as instalações de segurança supermáxima, os novos setores econômicos que agora comercializam prisões e também produtos e serviços relacionados às prisões, as empresas privadas que administram presídios com fins lucrativos em todo o mundo – tudo isso pode ser reconhecido agora como um conjunto de elementos estruturais para a escalada da repressão global. Prisões estadunidenses servem hoje como modelo global de punição. Neste exato momento, na Turquia, há prisioneiros morrendo devido a uma longa greve de fome, organizada para protestar contra a imposição de prisões semelhantes às dos Estados Unidos, com celas individuais e solitárias. Além disso, a África do Sul, nossa mais recente esperança em termos de justiça racial, de gênero e sexual, agora também pode, infelizmente, declarar que possui uma prisão de segurança supermáxima administrada pela Wackenhut Corrections Corporation, empresa privada do setor carcerário com sede nos Estados Unidos. Essas são algumas das conexões que exigem nossa atenção se quisermos entender o rumo que as coisas estão tomando.

Nada nunca é tão simples quanto parece. Cabe a nós refletir, indagar, analisar criticamente e reconhecer que, se não investigarmos aquilo que damos por certo, se não nos dispusermos a questionar o que fundamenta nossas ideias, opiniões e atitudes, nunca avançaremos. A xenofobia que ancora a atual guerra contra o terrorismo está bastante relacionada à história secular de racismo no discurso popular dos Estados Unidos. No início da década de 1990, alegou-se que o racismo estava se tornando rapidamente obsoleto no país e que não precisávamos mais de programas de ação afirmativa porque as populações de origem africana e latina, e também as mulheres de todas as origens raciais, estavam no caminho da igualdade, as condições igualitárias haviam sido alcançadas. Ward Connelly, o homem negro membro do conselho de regentes da Universidade da Califórnia, emergiu como a figura de proa dessa campanha contra a ação afirmativa, que infelizmente foi bem-sucedida na Califórnia – tanto nas universidades quanto no contexto mais amplo do estado.

Na Califórnia, um homem negro tem cinco vezes mais chances de ser encontrado em uma cela de prisão que em uma turma de faculdade. Poderíamos perguntar: que tipo de ação afirmativa é essa? Parece uma inversão dos objetivos originais da ação afirmativa. Ação afirmativa reversa. Mas, para não dar a entender que parafraseamos a noção de "racismo reverso", podemos reformular esse dilema de forma diferente: na Califórnia, as evidências mais consistentes do resultado dos programas de ação afirmativa podem ser encontradas na prisão. Uma estratégia implícita de ação afirmativa resultou na racialização da população carcerária como latina e negra. A maioria das pessoas nas prisões da Califórnia é latina. Se considerarmos os presídios, além das prisões estaduais e federais em todo o país, descobriremos que pessoas de minorias étnicas e raciais representam dois terços da população carcerária. As mulheres constituem o grupo que mais cresce na população carcerária, e, entre as mulheres presas, as de minorias étnicas e raciais constituem a parcela que mais cresce. A raça evidentemente é um fator determinante quando se trata de quem vai para a prisão e quem não vai. Seria esclarecedor olhar o interior das muitas prisões – públicas e privadas, estaduais e federais – pelas quais o estado em que vocês vivem é conhecido. Na pequena cidade de Florence, Colorado, cuja população é de pouco mais de 3.500 habitantes, existem quatro prisões federais, incluindo a Penitentiary Administrative Maximum Facility, a famosa *supermax*. A última vez que estive no Colorado, passei o dia em Florence e ainda tenho lembranças vívidas do pesadelo que é o ambiente de suas prisões.

Falei sobre o desmantelamento dos programas de ação afirmativa na Califórnia ao mesmo tempo que estratégias sorrateiras de ação afirmativa garantem que as prisões do estado estejam lotadas de pessoas negras e latinas. Curiosamente, um programa de ação afirmativa tácita parece estar funcionando nas práticas de contratação para cargos de níveis mais altos na hierarquia prisional. Há um esforço consciente para colocar mulheres pertencentes a minorias étnicas e raciais em posições de autoridade. Uma mulher de origem latina, por exemplo, é diretora de um dos principais presídios masculinos de segurança máxima do estado. Vocês podem chamar isso de síndrome de Condoleezza Rice. Meu argumento é que temos de aprofundar nossas análises agora. Não podemos confiar em categorias simples nem assumir que só porque uma pessoa é negra ou latina ela não é intermediária ou agente de estratégias racistas.

Mulheres no topo das hierarquias das prisões femininas que se identificam como feministas às vezes acabam criando condições muito mais difíceis para as detentas. A diretora feminista de um presídio (autora de *The Warden Wore Pink* [O diretor vestiu rosa]*) insiste que as mulheres não devem ser tratadas de forma diferente de como os homens o são; detentas devem ser iguais a detentos. Seu argumento, bastante simplista, é o de que, quando os homens tentam escapar, não há tiro de advertência antes que atiradores de elite mirem neles. Portanto, para que a igualdade prevaleça, nenhum tiro de advertência deve ser disparado contra as mulheres. Nessa prisão feminina de Michigan – não estou brincando –, houve um debate sério sobre o fato de as mulheres merecerem ser alvejadas sem aviso, o que as tornaria iguais aos prisioneiros do sexo masculino. As discussões sobre o número de armas nas prisões femininas em comparação com o que há nas masculinas revelaram a superficialidade das ideias sobre igualdade de gênero que se baseiam em simplesmente alcançar a paridade com os homens. Neste momento, a tendência é tornar as prisões

---

* Tekla Dennison Miller, *The Warden Wore Pink* (Southeastern, Biddle, 1996). (N. E.)

femininas arquitetonicamente iguais às masculinas. Essa suposta igualdade tem como base a violência – as prisões femininas são equiparadas às masculinas para se tornarem igualmente punitivas, igualmente desumanizantes.

RACISMO E IMIGRAÇÃO

Em 1958, Paul Robeson escreveu em seu eloquente livro *Here I Stand* [Aqui estou]*:

> Aqueles que dizem ao mundo que o racismo vivenciado nos Estados Unidos é apenas um pálido remanescente do passado e é limitado, sobretudo, a uma parte de nosso país, não pode explicar a infame Lei de Imigração Walter McCarran, aprovada pelo Congresso desde a guerra. Nenhum decreto da Alemanha nazista foi mais plenamente racista que essa lei estadunidense que, nas palavras do senador Lehman, se baseia nas mesmas teorias raciais desacreditadas a partir das quais Adolf Hitler desenvolveu as infames Leis de Nuremberg. Veja como nossas cotas de imigração são distribuídas. Dos 3 milhões de habitantes da Irlanda, 17 mil pessoas podem vir a cada ano. Mas para a Índia, com seus 400 milhões de habitantes, a cota é de cem pessoas. Normalmente nós, pessoas negras, não pensamos muito nas leis de imigração, porque estamos aqui há séculos. Mas em nosso meio há muitas pessoas vindas das Índias ocidentais cujo talento e vitalidade têm sido muito mais importantes para nossas comunidades que seu número. Sob a Lei Walter McCarran, com todos os seus dispositivos para reduzir a imigração não nórdica, o número de pessoas negras que podem vir do Caribe ou de qualquer outro lugar foi drasticamente reduzido.

As questões levantadas por Paul Robeson no auge da era McCarthy sobre a forma como o racismo influencia a política de imigração são ainda mais pertinentes hoje. No entanto, mais de quarenta anos depois, nosso conceito de racismo deve refletir nossa consciência de que ele é sempre influenciado e circundado pelo preconceito de classe, pelo patriarcado, pela homofobia etc. Em outras palavras, o racismo nunca é um conjunto de estratégias que existe por si só. Além do mais, ele muda e se transforma ao longo do tempo. Não permanece o mesmo quando as circunstâncias históricas mudam. Pessoas que fazem campanha contra a ação afirmativa assumem que, como certas formas legais de discriminação racial foram derrotadas, o próprio racismo foi superado. No entanto, como o racismo se esconde nas estruturas de nossa sociedade,

---

* Paul Robeson, *Here I Stand* (4. ed., Boston, Beacon, 1998 [1958]), p. 83. (N. E.)

no sistema educacional, no sistema prisional, no sistema de saúde etc., ele pode causar mais danos que nunca mesmo sem provocar o tipo de resistência que levou ao fim da segregação racial.

Um dos desafios cruciais que enfrentamos hoje é entender o caráter profundamente complexo do racismo nos anos posteriores ao 11 de Setembro – racismo não só enraizado na escravização de pessoas de origem africana e na colonização de povos indígenas, mas também racismo imposto a imigrantes. Isso significa que não é aceitável que pessoas negras considerem que não há problema em se envolver na filtragem racial desde que ela não seja direcionada a comunidades negras. A filtragem racial é injusta, seja quem for o alvo. Hoje, mais que nunca, os movimentos de solidariedade antirracista devem enfatizar as lutas em defesa dos direitos de imigrantes e a importância das perspectivas globais, transnacionais e internacionais. As pessoas que vivem neste país vêm do mundo todo. Na verdade, apenas os povos indígenas podem afirmar que são os habitantes originários desta terra. E os povos originários criaram uma rede indígena global que inclui pessoas de todas as Américas, da Austrália, das ilhas do Estreito de Torres e da Nova Zelândia.

Na atual era do capitalismo global, a resistência ao racismo só pode ser eficaz se estiver ancorada em comunidades globais de luta. Nosso desafio hoje é construir pontes seguras que unam os movimentos antirracistas, as campanhas pela abolição das prisões e os movimentos pelos direitos de imigrantes. Imaginem as condições de vida de uma jovem no México ou na Coreia que trabalhe na linha de montagem global fabricando sapatos esportivos pelos quais ela recebe cerca de dois dólares a cada par, mas que são vendidos aqui por mais de cem dólares. A corporação transnacional de calçados esportivos comercializa uma grande quantidade desses tênis nas comunidades pobres de minorias étnicas e raciais dos Estados Unidos. Imaginem que a família dessa garota se mude para os Estados Unidos porque seu próprio país foi tão abalado pelas corporações capitalistas que a família já não consegue sobreviver. Por se mudar para cá sem documentos e por não conseguir escapar das autoridades, a família é acusada de imigração ilegal e trancada em uma prisão onde está detida uma pessoa negra ou latina jovem, talvez até por ter roubado os calçados feitos pela garota imigrante. Esse cenário pode ser fictício, mas coloca em evidência conexões reais. E, por serem conexões muito reais, nossa resistência deve expressar que estamos conscientes da inter-relação entre essas questões. Peço a vocês que pensem profundamente sobre suas potenciais contribuições, individuais e coletivas, a comunidades radicais e globais de resistência.

PERGUNTAS DO PÚBLICO

Estamos trabalhando para abolir as penas mínimas obrigatórias. Que estratégias podemos utilizar?

Continue realizando esse trabalho tão importante contra as penas mínimas obrigatórias, as leis de pena sem atenuantes e as leis das três infrações, mas também incentive as pessoas a ampliarem suas análises estruturais. Um foco distorcido em uma questão específica às vezes pode levar ao oposto do que se deseja alcançar. No fim da década de 1960, surgiu uma importante campanha contra a pena de prisão por tempo indeterminado, que era o oposto das penas mínimas obrigatórias. Um dos exemplos mais dramáticos na Califórnia foi o caso de George Jackson, preso quando jovem por envolvimento em um assalto que rendeu setenta dólares. A sentença foi de "um ano de detenção a prisão perpétua". Essas penas indeterminadas davam às autoridades prisionais e aos conselhos de liberdade condicional controle absoluto sobre o destino dos prisioneiros. Reivindicamos o fim dessas práticas repressivas e acabamos obtendo sucesso. Mas o que conseguimos? Agora temos penas mínimas obrigatórias, penas sem atenuantes, leis das três infrações. Digo isso porque um dos aspectos realmente grotescos do sistema prisional é a forma como ele incorpora com tanta facilidade as "reformas prisionais" por meio de processos que o fortalecem e o tornam ainda mais repressivo que antes da instituição dessas reformas. É por isso que sempre tento me dissociar, como outras pessoas que lutam pela abolição prisional, do movimento de reforma prisional. É obviamente importante melhorar a vida das pessoas que estão na prisão. Apoiamos reformas que tornem as prisões mais habitáveis, ao mesmo tempo que reivindicamos a abolição prisional como solução para problemas sociais que a prisão pretende resolver, mas não consegue.

Muitas das leis de pena mínima obrigatória surgiram precisamente como parte da chamada guerra às drogas, que tem semelhanças com a atual guerra contra o terrorismo e que a reforça. A guerra global contra as drogas é responsável pelo número crescente de pessoas atrás das grades – e pelo fato de que, em todo o mundo, há um número desproporcional de pessoas de minorias étnicas e raciais e pessoas do Sul Global na prisão. Quem encontramos atrás das grades em Roma? Encontramos números desproporcionais de mulheres africanas, mulheres que se envolveram no tráfico de drogas porque era sua única esperança. Ou porque alguém lhes prometeu cem dólares para entregar um pacote. Mesmo em locais como a Holanda e os países escandinavos, onde se espera encontrar apenas pessoas brancas, quem se vê? Pessoas da Indonésia, do Caribe, da América Latina e da África.

A guerra às drogas e a guerra ao terror estão ligadas à expansão global das prisões. Esta maquinaria carcerária nunca será reformada de maneira mais humanitária. Lembremos que a prisão é um sistema histórico de punição. Em outras palavras, nem sempre fez parte da história humana; portanto, não devemos considerar que essa instituição é inabalável ou um elemento permanente e inevitável de nossa sociedade. A prisão como punição surgiu na época do capitalismo industrial e continua a ter uma afinidade particular com o capitalismo. Por isso, continue a se envolver no ativismo de base popular contra as penas mínimas obrigatórias e a encorajar uma compreensão mais ampla da economia política das prisões no que se refere a questões maiores de exploração de classe, racismo, patriarcado e heteronormatividade.

Já que as lutas contra a globalização e a favor da paz são agora tão importantes, como começar a definir essas lutas a fim de estabelecer um plano de ação?
Acho que não existe resposta única para sua pergunta. O que quer que façamos, onde quer que estejamos, é imperativo que acreditemos na possibilidade de mudança. Não podemos admitir nos refugiarmos no presente, por isso, o primeiro passo é imaginar ativamente futuros possíveis – futuros além da prisão e além do capitalismo. Então, seja estudante, sindicalista ou ativista de uma comunidade, você pode incentivar as pessoas a incorporarem questões ligadas à globalização e à paz em seus próprios planos de ação. A globalização não só produziu condições devastadoras para as populações do Sul Global, como criou comunidades empobrecidas e encarceradas nos Estados Unidos e em outras partes do Norte Global. Ativistas trabalhistas podem tentar gerar apoio para a população carcerária, que vem sendo cada vez mais recrutada para realizar trabalhos que geram lucro. E podem fazer campanhas que revelem como as cooperativas de mão de obra barata no Sul Global se tornam cada vez mais numerosas à medida que as empresas são seduzidas a contratar mão de obra prisional. Apesar de muitos esforços históricos para organizar sindicatos prisionais, a mão de obra prisional não é organizada e não recebe benefícios com os quais as empresas precisem se preocupar. Em resumo, a dimensão mais importante do ativismo antiglobalização por justiça e paz envolve a expansão da consciência das pessoas sobre essas complexas inter-relações.

Com toda a reação conservadora, você acha que o racismo será perpetuado neste país?
Um subtexto importante de minhas observações desta noite é que somos sempre mais ou menos cúmplices das condições que contestamos. Por exemplo, não posso negar que gosto de criticar George Bush. Gosto até de zombar dele. Mas também devo me perguntar se fiz tudo que estava a meu alcance para ajudar a evitar sua eleição – ou não eleição. Se reconheço que também estou envolvida nos padrões contínuos de racismo, não me pergunto apenas como colaboro para transformar aquelas pessoas que considero responsáveis pelas estruturas do racismo, mas também: como posso mudar a mim mesma? A última vez que falei aqui na Metro State College, em 1993, muitas pessoas não quiseram me ouvir falar sobre prisões. "Por que você quer falar sobre prisões? Sobre pessoas criminosas? Por que está tão preocupada com elas?" Mas, ao deslocar o foco para o complexo industrial-prisional, a discussão pôde ser transferida para outro registro, o que possibilitou que as pessoas pensassem sobre o racismo estrutural. Embora o racismo ainda exerça vasta influência material e ideológica, percorremos um longo caminho com a produção de um vocabulário de engajamento popular. Isso é algo a aplaudir. Ao mesmo tempo, não avançamos muito na defesa da ação afirmativa. Na verdade, muitas pessoas progressistas que se opuseram à campanha conservadora contra a ação afirmativa causaram tanto ou mais danos em relação à manutenção do racismo. Algumas disseram: "Precisamos ajudar a população negra, ela precisa de atenção especial", sem perceber que essa defesa da ação afirmativa apela para os mesmos termos dos grupos conservadores. É mais um caso de fogo amigo.

E a campanha para libertar Mumia Abu-Jamal?
Muitas pessoas reagiram ao 11 de Setembro reduzindo o ritmo de grande parte de seu ativismo político, especialmente em torno de questões que pareciam associadas a um ninho de vespas representado por temas que giravam em torno da guerra ao terror. Apelos à morte dos responsáveis pelos ataques levaram a uma desaceleração das ações contra a pena capital. Reconhecendo isso, podemos dizer que é mais importante que nunca acelerar a campanha para libertar Mumia Abu-Jamal e acelerar nossos esforços contra a pena de morte em geral. Ao longo dos anos, tivemos progressos significativos na campanha para abolir a pena de morte. Um dos sinais mais radicais desse progresso foi a suspensão das execuções em Illinois. O caso de Mumia tornou-se a face radical

do movimento para abolir a pena de morte não apenas nos Estados Unidos, mas em todo o mundo. Justamente porque Mumia é muitas vezes confundido com terroristas, temos que insistir para que a mídia não o demonize. Ele não deve ser transformado em inimigo porque foi acusado da morte de um policial. A polícia nem sempre é inocente, e os acusados de agressão a um policial nem sempre são culpados.

Estou feliz por você ter levantado essa questão, porque de repente, após o 11 de Setembro, o policial tornou-se uma figura nacional. Digo "o policial" em uma formulação específica de gênero porque estou me referindo a uma figura masculina. Não estou tentando demonizar policiais, homens ou mulheres – há quem tente fazer a coisa certa. Mas, quando se considera que a figura da salvação nacional pós-11 de Setembro é o policial que, historicamente, tem defendido o racismo e a repressão em relação aos círculos ativistas e às comunidades de minorias étnicas e raciais, a dimensão ideológica da glorificação da polícia fica evidente. Dias atrás, o Segundo Tribunal de Apelações dos Estados Unidos revogou a condenação de três dos quatro agentes policiais que haviam sido condenados por sodomizar Abner Louima com um cabo de vassoura.

Como podemos acompanhar o movimento internacional para libertar Mumia? Na França, centenas de milhares de pessoas marcharam em apoio a Mumia. Ele foi recentemente declarado cidadão honorário de Paris, a primeira pessoa a obter esse título desde Pablo Picasso, no início dos anos 1970. Em nosso país temos uma grande responsabilidade. Este é o único país industrializado do mundo que usa a pena de morte como procedimento de rotina para crimes pelos quais as pessoas cumprem de oito a dez anos de prisão em outras nações. Isso não justifica atos prejudiciais contra seres humanos. A questão é simplesmente que a pena capital é uma forma de retribuição que a história declarou obsoleta. Além disso, muitas pessoas estão no corredor da morte por crimes cometidos quando eram crianças; outras sofrem de problemas de saúde mental. O caso de Mumia é muito importante não só porque ele se tornou um símbolo de resistência à pena de morte, mas também porque ele mesmo usou suas habilidades como jornalista para participar de movimentos por justiça e igualdade. A maneira mais relevante de reivindicar este país como nosso é lutando, tornando-o melhor, fazendo dele uma arena onde nos esforçamos para criar um mundo melhor.

5

MULTICULTURALISMO RADICAL

Boulder, Colorado
1º de março de 2005

Pediram-me para elaborar minhas observações desta noite em relação ao tema geral do multiculturalismo. Começo, assim, contestando os sentidos evidentes desse termo, que nos impedem de questionar se vivemos, de fato, em uma democracia multicultural. Exemplos desse novo multiculturalismo são extraídos cada vez mais da composição das lideranças corporativas e governamentais e mesmo, talvez especialmente, do segundo mandato de George W. Bush, que recentemente nomeou a primeira mulher negra, Condoleezza Rice, para atuar como secretária de Estado dos Estados Unidos. Como nossas observâncias do Mês da História Negra estão chegando ao fim e inauguramos hoje o Mês da História das Mulheres*, pode ser apropriado arriscar algumas observações sobre a celebração, às vezes problemática, da categoria "primeiras" – a primeira pessoa negra a fazer isso, a primeira mulher a fazer aquilo. Eu abdicaria com prazer de celebrar a primeira mulher negra conselheira da Segurança Nacional, agora a primeira mulher negra secretária de Estado, em troca de um homem branco como secretário de Estado que pudesse oferecer diretrizes para deter o impulso global dos Estados Unidos em se estabelecerem como império, a guerra racista contra o terror e a agressão militar contra o povo iraquiano.

As representações populares da história negra, da história das pessoas *chicanas*, da história das mulheres nas últimas décadas têm sido, muitas vezes, ancoradas na prática de identificar as pessoas que se tornaram as primeiras de sua raça ou seu gênero associadas a realizações específicas. As noções convencionais de multiculturalismo dependem de uma construção integradora da raça

---

* O Mês da História Negra é celebrado nos Estados Unidos em fevereiro, e o Mês da História da Mulher, em março, coincidindo com as celebrações do Dia Internacional das Mulheres. (N. T.)

e do gênero que mantenha as estruturas existentes intactas. Embora Condoleezza Rice tenha sido precedida por um homem negro, Colin Powell, no cargo de secretário de Estado, a permanência de ambos no posto não fez – e provavelmente não fará – nenhuma diferença substancial. Não há argumentos convincentes a apresentar aqui sobre o progresso político. No entanto, há quem invoque Rice e o procurador-geral Alberto Gonzales como indícios da nação multicultural perfeita: pessoas de minorias étnicas e raciais nos mais altos cargos do governo! Se eu participasse dessas conversas, acrescentaria: pessoas de minorias étnicas e raciais que enfim conquistaram o direito de contribuir para o processo de subjugação das populações dos países do Sul Global; pessoas de minorias étnicas e raciais que representam as posições políticas mais conservadoras e militaristas; pessoas de minorias étnicas e raciais que justificam a tortura referindo-se à Convenção de Genebra como "antiga" e "obsoleta" na era da guerra global contra o terrorismo.

Proponho trazermos os termos "democracia" e "liberdade" para o quadro de referências de nossa discussão sobre multiculturalismo. Ao questionarmos e criticarmos os sentidos oficiais desses três princípios, teremos a expectativa de descobrir compreensões mais sutis, mais substantivas e mais amplas de liberdade, democracia e multiculturalismo. Convido vocês a interpretarem minhas observações como uma contribuição para o debate em curso, desencadeado pela análise do professor Ward Churchill sobre as circunstâncias globais em torno da tragédia de 11 de setembro de 2001. Porém, minha preocupação não é tanto com o fato em si, mas com a forma oportunista como essa tragédia foi explorada a fim de ampliar e consolidar a busca dos Estados Unidos pelo domínio global.

Por que, depois de 11 de setembro de 2001, permitimos que nosso governo adotasse políticas e práticas unilaterais de guerra global? Por que os sentidos oficiais da liberdade, da democracia e do multiculturalismo se tornaram cada vez mais limitados? Por que se tornaram tão limitados que é difícil separar seus sentidos oficiais do sentido do capitalismo? Se eu tivesse tempo, leria para vocês dois dos discursos recentes de George W. Bush – o do Estado da União e o de posse – substituindo sistematicamente as palavras "liberdade" e "democracia" pela palavra "capitalismo". Posso garantir que este exercício se mostrará esclarecedor no que diz respeito à atual política externa dos Estados Unidos.

Cada vez mais, a liberdade e a democracia são vistas pelo governo como mercadorias exportáveis, mercadorias que podem ser vendidas ou impostas a populações inteiras cuja resistência é agressivamente reprimida pelas forças armadas. A chamada guerra global contra o terror foi concebida como uma resposta direta aos ataques do 11 de Setembro. Donald Rumsfeld, Dick Cheney e George W. Bush logo transformaram os ataques ao World Trade Center e ao Pentágono em oportunidades para usar o luto coletivo de forma inapropriada, manipulando-o e reduzindo-o, assim, a um desejo nacional de vingança. Estou muito mais angustiada com as atitudes deles que com as observações de Ward Churchill sobre o 11 de Setembro. Do mesmo modo, estou muito mais preocupada com as estratégias do governo Bush que levaram à morte um número incontável de pessoas no Afeganistão e no Iraque que com os comentários de Ward Churchill. Churchill foi acusado de subverter o processo de cura. Mas me parece que a subversão mais óbvia do processo de cura ocorreu quando o governo Bush invadiu o Afeganistão, depois o Iraque e agora possivelmente o Irã. Tudo em nome dos seres humanos que morreram no 11 de Setembro. Derramamento de sangue e belicismo em nome da liberdade e da democracia! Violência e vingança contra pessoas de minorias étnicas e raciais no Oriente Médio em defesa de uma sociedade multicultural no próprio país.

Bush teve a oportunidade de ensaiar essa estratégia de vingança e morte em uma escala reduzida antes de se mudar para a Casa Branca. Como governador do Texas, ele não só enalteceu a pena capital, como presidiu mais execuções que qualquer outro governador da história dos Estados Unidos: 152, para ser mais exata. Às pessoas que sofreram choques violentos e perderam familiares e amigos, ele ofereceu o assassinato sancionado pelo Estado como meio de lidar com sua dor. Alberto Gonzales foi conselheiro geral do Texas em 57 desses casos de pena de morte. E em cada um deles – incluindo o de um prisioneiro no corredor da morte com grave transtorno mental – Alberto Gonzales aconselhou Bush a prosseguir com a execução.

A guerra imperialista impossibilita a liberdade e a democracia, mas a liberdade e a democracia são repetidamente invocadas por quem promove a guerra global. Precisamente aquelas forças que pretendem tornar o mundo seguro para a liberdade e a democracia estão agora espalhando guerra, tortura e exploração capitalista mundo afora. O governo Bush apresenta seu projeto como uma ofensiva global contra o terrorismo, mas a condução dessa ofensiva gerou práticas de violência e terrorismo de Estado desproporcionais em comparação a seus alvos.

Desde o período da Reconstrução Negra*, a população negra dos Estados Unidos e os grupos a ela aliados travaram uma batalha contínua pelo direito de votar. No curso dessa luta, um número incontável de pessoas perdeu a vida para o terror racista – incluindo James Chaney, Andrew Goodman e Michael Schwerner durante a campanha de registro de eleitores dos anos 1960 no estado do Mississippi. Essa longa história de luta evidenciou a importância do direito ao voto para o funcionamento geral da democracia. É por isso que afirmamos que as duas últimas eleições presidenciais estiveram longe de ser democráticas. Não apenas a suspensão do direito ao voto de um grande número de homens negros que haviam cumprido pena de prisão desempenhou papel decisivo nos resultados, mas, além da privação de direitos, houve fraude eleitoral em massa. Em Ohio, por exemplo, as urnas eram abundantes em comunidades ricas, mas tão raras em comunidades negras pobres que muitas pessoas desistiram e foram para casa depois de esperar na fila por três a quatro horas. Esse é um retrato do racismo estrutural que continua à espreita por trás das afirmações públicas de que agora habitamos uma democracia multicultural.

No entanto, por mais crucial que seja o direito ao voto, há muito reconhecemos que o direito de votar, por si só, não garante a democracia. Ele não é e não pode ser, por si só, o indicador máximo de uma ordem democrática. Importa se os candidatos são escolhidos livremente ou se o dinheiro determina quem concorre e quem não concorre. As eleições podem ser subordinadas ao poder do dinheiro, como aprendemos neste país durante o período recente. Importa se o processo de votação se desenrola no contexto de outros direitos políticos e de justiça econômica e social. Importa muito se os direitos humanos são violados a fim de promover uma eleição. E certamente importa se a morte e a devastação, geradas em escala tão colossal, incluindo ataques indiscriminados a toda uma cultura, ajudam a organizar as eleições patrocinadas pelos Estados Unidos no Iraque. Para que a democracia no Iraque seja significativa, ela deve ser desvinculada da violência estatal empregada pelos Estados Unidos a serviço da democracia.

Quem de vocês esteve recentemente no exterior deve ter testemunhado o declínio vertiginoso da reputação deste país. Pessoas de outras partes do

---

* Reconstrução Negra ou Reconstrução Radical é o nome dado ao período que se seguiu ao fim da guerra civil dos Estados Unidos (1861-1865), marcado por transformações econômicas, políticas e sociais do país, incluindo a intensificação da industrialização, a inserção da população negra nas relações de trabalho assalariado e a conquista do direito ao voto pelos homens negros. (N. T.)

mundo, em especial aquelas que, no passado, consideravam os Estados Unidos o modelo ideal de democracia, estão completamente confusas diante das práticas políticas do país nos últimos anos. Por exemplo, já me perguntaram muitas vezes como posso explicar a eleição e a reeleição de George W. Bush (mesmo que ele não tenha sido propriamente eleito para o primeiro mandato). Pessoas de outros países me disseram que, se a presença dele na Casa Branca não fosse trágica, seria risível. As pessoas ao redor do mundo contestam cada vez mais o projeto oficial do governo dos Estados Unidos de defender e exportar a liberdade e a democracia. Elas questionam, por exemplo, se os interrogatórios em Abu Ghraib – tendo sido, como de fato foram, acompanhados de tortura, abuso sexual de mulheres e homens e violação geral dos direitos humanos e da dignidade humana das pessoas supostamente interrogadas – são o prenúncio da versão particularmente virulenta de democracia que o governo dos Estados Unidos quer defender e exportar.

Como, então, reincorporamos o multiculturalismo a esse sistema de tortura e violações de direitos humanos que se supõe a serviço da democracia? Voltemos às consequências imediatas dos ataques do 11 de Setembro e examinemos nossas memórias da reação nacional: um patriotismo coreografado produziu milhões de bandeiras (muitas feitas na China) decorando casas, escritórios, automóveis, roupas e tudo o mais que se possa imaginar. Todos, independentemente da origem racial e étnica, foram convidados a participar da exibição desse nacionalismo multicultural. O patriotismo lucrativo levou até joalherias a anunciar broches de bandeira feitos de rubis, safiras e diamantes. O marketing coreografado do nacionalismo, da guerra e do terror de Estado em resposta ao 11 de Setembro também levou a uma transformação quase mágica de George W. Bush. Se compararmos as representações midiáticas de Bush antes e depois do 11 de Setembro, vemos que ele evoluiu de alvo de chacota para "estadista idoso", de incompetente em gramática a presidente legítimo retratado como patriarca salvador do mundo livre.

Esse patriotismo convertido em mercadoria não só consolidou os novos Estados Unidos multiculturais, como, no processo, produziu o medo coletivo de contestar a política externa do governo Bush, à medida que os perigosos retalhos da guerra ao terror estavam sendo remendados, à medida que a filtragem racial em abordagens de segurança pública levava a ataques legais e ilegais contra pessoas de origem árabe, muçulmana e sul-asiática. A consolidação de um nacionalismo multicultural possibilitou a aprovação da Lei Patriótica dos

Estados Unidos sem ampla discussão pública e sem ao menos uma discussão séria no Congresso. Quando a resolução do uso da força foi levada ao Congresso, Barbara Lee, que aliás é minha representante*, foi a única congressista a se manifestar contra essa resolução do uso da força. Até John Lewis, a lenda dos direitos civis, confessou que temia ser rotulado como brando em relação ao terrorismo. Em outras palavras, o preço da inclusão na democracia multicultural, em um momento cujo clima político lembrava o macarthismo, foi a aceitação explícita da islamofobia, do militarismo e da violência do Estado.

A consolidação da nação multicultural também foi possibilitada pelo surgimento do patriarcado à moda antiga. Dirijo essas observações especificamente a feministas presentes, de todos os gêneros, na esperança de que outras pessoas sigam seu exemplo. No contexto desse patriarcado à moda antiga, o homem heroico é apresentado como a alma da nação, enquanto a mulher é solicitada a corporificar passivamente a nação: defensor masculino, corporificação feminina. Tanto George W. Bush quanto Laura Bush se engajaram na manipulação ideológica das mulheres do Afeganistão, invocando a situação em que se encontravam como justificativa para uma invasão militar. Forças armadas multiculturais invadiram o país para atuar como libertadoras das mulheres afegãs. A expressão local dessa defesa do patriarcado e da heteronormatividade pode ser detectada no recurso do casamento – o casamento heterossexual – como a panaceia para uma série de problemas sociais. Essa representação do casamento como solução para a pobreza e a criminalidade entre jovens é acompanhada por ataques contínuos contra relações e casamentos homoafetivos.

Depois do 11 de Setembro, a nação foi o único tipo de comunidade disponível às pessoas em meio a uma tragédia coletiva. Durante esse período, a nova nação multicultural tomou forma, uma nação imaginária que não aclamava apenas suas cidadãs e seus cidadãos brancos, mas também comunidades negra, latina, asiático-estadunidense e talvez povos originários. No entanto, o círculo do nacionalismo se fechou, decretando exclusões importantes. Se algumas comunidades, alvos históricos do racismo, foram inseridas no círculo da nação, outras foram expulsas da maneira mais obstinada. Essas outras eram muçulmanas, ou suspeitas de praticar o islamismo, árabes, ou identificadas como árabes, pessoas do Oriente Médio, da Ásia central e do sul da Ásia. Ao mesmo tempo

---

* Nos Estados Unidos, não necessariamente em quem você votou, mas a pessoa eleita para representar o distrito em que você vive. (N. T.)

que esse processo transcorria, testemunhávamos um acentuado crescimento do complexo industrial-militar. No momento em que o colapso da comunidade de nações socialistas deveria ter levado a um maior desarmamento e a um papel cada vez menor do Pentágono na vida deste país e do planeta, o Eixo do Mal foi proclamado em tom beligerante, justificando o direcionamento de um adicional de muitos bilhões de dólares para a produção de armas.

O multiculturalismo por si só não marca a derrota do racismo. A ideia de que a ascensão do multiculturalismo é a prova do declínio do racismo é uma daquelas suposições equivocadas que parecem capturar o sentido óbvio do multiculturalismo. No discurso público, algo que essa suposição não revela é quanto o terreno do racismo foi fundamentalmente reconfigurado. Hoje, as dimensões estruturais subterrâneas do racismo são tão influentes quanto sempre foram, embora a maioria das pessoas seja esperta o suficiente para evitar proferir declarações racistas em público – ainda que isso continue acontecendo. Além do mais, esse novo terreno do racismo é agora imensamente influenciado pelas ideologias de terrorismo. Como vimos, o multiculturalismo convencional é perfeitamente compatível com a islamofobia, a tortura e a violência. Em contrapartida, um multiculturalismo forte, combinado com entendimentos acadêmicos e populares sobre o racismo dentro dos Estados Unidos e em termos transnacionais, leva em consideração até que ponto os preconceitos contra pessoas muçulmanas e árabes foram incorporados às novas estruturas repressivas e punitivas. Uma colossal indústria da punição já custou a vida de milhões de pessoas, ainda mais de minorias étnicas e raciais – aquelas que são forçadas ou foram forçadas a viver dentro das prisões estaduais e federais do país, presídios de condados ou operados por autoridades indígenas, centros de detenção de imigrantes ou prisões militares. Nos últimos anos, o racismo dirigido contra povos muçulmanos e árabes foi assimilado depressa nas estruturas políticas e jurídicas: a Lei Patriótica dos Estados Unidos, de início representada como apêndice legislativo da atual guerra contra o terror, produzirá mudanças permanentes nas formas como tanto as pessoas que possuem cidadania quanto as que não possuem têm acesso a direitos e liberdades. Além disso, com a criação do Departamento de Segurança Interna, assistimos a uma proliferação irrefreável de centros de detenção para imigrantes, que se tornaram evidentemente os principais ingredientes do complexo industrial-prisional. Se alguém os tivesse alertado, cinco anos atrás, de que hoje estaríamos vivendo sob o reinado de um Departamento de Segurança Interna, vocês provavelmente teriam acusado a pessoa de usar ideias do passado fascista da Europa para falar sobre o futuro dos Estados Unidos.

Mas voltemos nossa atenção agora para as terríveis imagens fotográficas dos abusos perpetrados contra pessoas detidas por militares estadunidenses em Abu Ghraib, no Iraque. Apenas um ano e meio se passou desde a divulgação das fotos, mas algumas pessoas já se esqueceram de como ficaram chocadas e traumatizadas quando as viram pela primeira vez. Assim como as imagens de linchamentos no fim do século XIX e início do século XX serviram como prova incontestável do racismo contra as pessoas negras após o fim da escravatura, as fotografias de Abu Ghraib são lembretes visuais do poder do novo racismo.

Em qual contexto ideológico essas fotos foram divulgadas? Como todos sabemos, um elemento óbvio do racismo é a capacidade aprendida de ignorar a individualidade em detrimento da generalização. Então, o que será que se viu realmente naquelas fotografias, em especial quando algumas pessoas (as interrogadas) eram retratadas usando capuz? Que questões moldaram as práticas por meio das quais consumimos essas imagens? Habitamos hoje um ambiente bombardeado e imerso em imagens fotográficas, cinematográficas, televisivas e, cada vez mais, digitais. Habitamos um mundo visual, mas aprendemos a ler e a nos envolver de forma crítica com essas imagens? Para responder à minha própria pergunta, digo não, porque ainda tendemos a supor que os sentidos das imagens são, e devem ser, óbvios.

O vídeo amplamente divulgado de Rodney King sendo espancado por policiais de Los Angeles em 1991 foi considerado por muitas pessoas uma prova evidente da brutalidade policial. No entanto, quando julgados, os policiais envolvidos – cujas imagens transmitidas pela mídia foram testemunhadas por milhões de pessoas – foram considerados inocentes. O advogado de defesa convenceu os membros do júri de que o vídeo não mostrava policiais espancando um homem negro, e sim um homem negro agressivo e violento atacando os policiais, que por sua vez agiram em legítima defesa. Até mesmo George H. W. Bush expressou espanto diante do veredicto. Menciono esse caso que acabou desencadeando as revoltas de 1992 em Los Angeles para convidar vocês a refletirem sobre os quadros interpretativos que influenciam nosso consumo de imagens. Quadros interpretativos são capazes de produzir sentidos que podem se mostrar diametralmente opostos ao que as imagens parecem documentar.

Assim, se voltarmos a nossas perguntas iniciais sobre as fotografias de Abu Ghraib, podemos acrescentar outras: quais foram as interpretações dominantes dessas fotografias? Aceitamos o quadro interpretativo apresentado para as fotografias a partir da possibilidade de o comportamento retratado nas imagens constituir ou não tortura? As cenas foram obra de alguns indivíduos atípicos ou consequência de decisões tomadas em postos mais altos na cadeia de comando? A questão predominante em torno da divulgação daquelas fotografias estava ligada à natureza da democracia estadunidense. De que forma aquelas imagens ajudavam a explicar a atual situação da democracia no país?

Não estou sugerindo que essas perguntas não sejam importantes; ela são, de fato. Mas outras perguntas importantes foram excluídas devido à ansiedade coletiva em relação à democracia estadunidense, fazendo que as imagens de tortura e abuso sexual fossem inseridas em um quadro interpretativo pautado pela necessidade de resgatar a ideia de democracia. Em outras palavras, o discurso em torno das imagens pouco tinha a ver com os indivíduos submetidos à violência retratada. O conteúdo humano das imagens foi eliminado justamente no processo de tentar lidar com a desumanização representada nas fotografias. Na condição de consumidores de imagens, não fomos incitados a voltar nossa atenção para os seres humanos, as mulheres e os homens, submetidos a torturas militares e coerção sexual. Fomos incitados a vê-los como uma massa de corpos nus empilhados em uma pirâmide; como uma figura encapuzada de pé sobre uma caixa; como pessoas iraquianas anônimas forçadas por soldadas estadunidenses a simular relações sexuais umas com as outras. A interpretação pública das imagens excluía a possibilidade de solidariedade em relação às pessoas profundamente abusadas pelas soldadas.

Fomos exortados a uma preocupação tão grande com as implicações dessas imagens para a democracia estadunidense – em relação a como explicar, repensar e reconstruir a democracia à luz dessas imagens – que não nos foi oferecida a oportunidade de sentir afinidade com as vítimas torturadas pelos militares. Já discuti a exclusão das solidariedades globais pela construção nacionalista da comunidade após o 11 de Setembro. Numa época em que as pessoas de todo o planeta eram solidárias conosco, fomos encorajados a buscar refúgio na nação, a minimizar, não a maximizar, nossos laços. Os Estados Unidos se consideraram superiores por tanto tempo que essa suposição de superioridade afeta até o modo como pensamos sobre nossos próprios projetos progressistas. Um dos aspectos mais prejudiciais da ideia de excepcionalidade dos Estados Unidos é que ela nos fecha e nos impede de nos imaginarmos como cidadãs e cidadãos do planeta. No início do século XXI, precisamos urgentemente de outros tipos de globalidade, globalidades que não dependam dos percursos do capital, globalidades que se desvinculem dos planos de ação do capitalismo global.

Quando vi as fotos de Abu Ghraib pela primeira vez, imediatamente me lembrei das antigas fotos de linchamentos. Pensei nas imagens dos linchamentos e no impulso de reproduzir e disseminar aquelas manifestações supremas de violência racista. Da mesma forma como os soldados e as soldadas se sentiram impelidos a documentar os horrores que presenciaram e coreografaram, as pessoas que divulgaram os linchamentos criaram memórias visuais de assassinatos racistas que muitas vezes foram transformados em motivos de comemoração. O rosto sorridente de soldados estadunidenses em Abu Ghraib evoca as perversas celebrações de linchamentos que se tornaram passatempos recreativos importantes no Sul dos Estados Unidos. As imagens fotográficas da tortura no Iraque relembram os cartões-postais de linchamentos e outros suvenires visuais do início do século passado.

Os linchamentos não só puseram fim à vida de pessoas negras, como tiraram dessas pessoas a possibilidade de pertencer, tanto à sociedade estadunidense quanto à comunidade humana. As imagens, tanto de uma vítima negra de linchamento quanto de uma pessoa iraquiana detida em Abu Ghraib, tornaram-se materializações visuais de um inimigo ideologicamente construído. Em ambos os contextos, a violência corporal e sexual tinha papel de destaque. No contexto histórico dos Estados Unidos, descobrimos castrações de vítimas de linchamento, comercialização de membros e órgãos, retirada de fetos de mulheres grávidas linchadas, uso racista da acusação de estupro para justificar linchamentos de um grande número de homens negros e mulheres negras. Nas fotografias de Abu Ghraib, encontramos coação à simulação de atos sexuais e uma manipulação pornográfica dos sentidos da sexualidade na cultura muçulmana.

No passado do Sul estadunidense e na prisão iraquiana de Abu Ghraib, ocupada pelos Estados Unidos, a violência é sexualizada e o sexo é indescritivelmente violento. Em ambos os casos, o racismo possibilita a conjugação entre violência e sexualidade. O racismo não é estático. Ele muda. Ele é transformado. É alterado por circunstâncias históricas. Quando pensamos em novos tipos de racismo, alguns deles não são tão facilmente identificáveis porque nos valemos das noções do senso comum quanto ao que é definido como racismo. Hoje, temos a tendência a pressupor que o racismo envolve discriminação explícita, especialmente quando tolerado pela lei. As campanhas históricas associadas ao movimento pelos direitos civis levaram à erradicação das referências mais explícitas à raça na lei. Também mudaram as expectativas do público de tal forma que a expressão de ideias racistas não é mais tolerada na esfera pública. Se não formos capazes de identificar as novas formas contemporâneas de racismo, tornaremos as pessoas que são seus alvos ainda mais vulneráveis que antes.

O público estadunidense pareceu tratar o abuso e a coerção perversa na prisão iraquiana como tão chocantes, tão flagrantes, que nenhuma série de circunstâncias análogas podia ser encontrada na história da nação. Comparações com os linchamentos nunca foram levantadas ou reconhecidas nas discussões mais difundidas sobre os crimes documentados nas fotos de Abu Ghraib. Histórias de racismo nos Estados Unidos revelam inúmeras conjunturas de raça, sexo e violência. Considerem o abuso sexual nas prisões estadunidenses, cujas populações são mais "multiculturais" que as populações de estudantes e docentes na maioria das faculdades e universidades. Não estou me referindo a exemplos espetaculares de violência sexual, mas a agressões sexuais rotineiras e não reconhecidas que estão entrelaçadas no cotidiano do regime prisional. A revista íntima, a revista das cavidades corporais, as revistas vaginais e retais a que as mulheres são submetidas diariamente em virtude de seu encarceramento são todas formas de coerção sexual institucionalizada. Muitas mulheres que são alvos dessas agressões físicas invasivas relataram que não as vivenciam como diferentes de um verdadeiro estupro ou de uma agressão sexual em condições menos públicas. Elas dizem que a sensação é de abuso sexual, e se não fossem os uniformes de quem faz essas revistas essas práticas seriam descritas como abuso sexual. Essas torturas sexuais cotidianas preparam o terreno para torturas sexuais espetaculares. Tendemos a considerar as primeiras como inevitáveis, enquanto as últimas chocam nossa consciência.

Soldadas brancas estavam envolvidas nas torturas de Bagdá, e muitas pessoas receberam isso como inesperado e chocante. Afinal, as mulheres não devem se envolver em tortura ou coerção sexual. Porém, dentro do quadro formalista associado à democracia capitalista, as mulheres alcançam a igualdade ao obter acesso igualitário a todas as áreas dominadas pelos homens, incluindo o acesso igualitário às forças armadas e talvez até o acesso igualitário ao envolvimento em tortura e coerção. Esse formalismo evoca a lógica do multiculturalismo convencional. Se só reivindicamos a igualdade de acesso de pessoas de minorias étnicas e raciais às forças armadas, a igualdade de acesso de mulheres ao combate, a igualdade de acesso de gays e lésbicas aos postos militares, acabamos apoiando um multiculturalismo superficial no qual as instituições que ele supostamente transforma continuam funcionando à moda antiga, exceto pelo fato de os homens brancos não serem mais os únicos responsáveis pela desumanização. Em vez de transformar a cultura dominante, a cultura dominante recruta novos setores a fim de se impor e perpetuar seus métodos.

Mesmo nas descrições de torturas infligidas a prisioneiros iraquianos há traços nocivos de racismo, alguns dos quais não são tão facilmente reconhecíveis porque se baseiam em ideias do senso comum geralmente aceitas. Isso inclui a banalização dos líderes culturais islâmicos e o uso de mal-entendidos culturais como armas políticas. A promulgação da noção de Samuel P. Huntington de choque de civilizações baseia-se em justificativas racistas para guerras pelo domínio global mascaradas como uma guerra ao terror. O pensamento civilizacional cria hierarquias culturais e a inevitável busca pela superioridade.

A reputação global da democracia estadunidense declinou na exata proporção em que a linguagem da democracia é empregada como arma retórica na busca imperialista. O que é mais angustiante para quem, como nós, acredita em um futuro democrático é a tendência de equiparar democracia com capitalismo. A democracia capitalista deve ser reconhecida como o paradoxo que é. Trata-se de duas ordens fundamentalmente incompatíveis, em especial quando se consideram as transformações contemporâneas do capitalismo sob o impacto da globalização. Mas há quem não consiga diferenciar uma coisa da outra. O modelo de democracia associado ao capitalismo é a livre-iniciativa, embora esta não apreenda a condição do capitalismo hoje. Além disso, em nenhuma época histórica a liberdade de mercado serve como modelo aceitável de democracia para quem não possui os meios – o capital – para tirar proveito da liberdade de mercado. Karl Marx revelou as manipulações subjacentes à equação entre capitalismo e democracia no capítulo 6 do Livro I de *O capital**.

A evidência contemporânea mais convincente contra a equação entre capitalismo e democracia pode ser descoberta no fato de que muitas instituições com impulso profundamente democrático foram desmanteladas sob a pressão exercida por agências financeiras internacionais, como o Fundo Monetário Internacional e o Banco Mundial. No Sul Global, o ajuste estrutural desencadeou uma gigantesca privatização de serviços públicos que costumavam estar

---

* Karl Marx, *O capital. Crítica da economia política*, Livro I: *O processo de produção do capital* (trad. Rubens Enderle, São Paulo, Boitempo, 2011). (N. E.)

disponíveis para massas de pessoas, como educação e saúde. Esses são serviços que nenhuma sociedade deve negar a seus membros, serviços que todos nós devemos poder reivindicar em virtude de nossa humanidade. No entanto, nosso sistema de capitalismo evita a democracia econômica mesmo quando se proclama a vanguarda da democracia em todo o mundo. Demandas conservadoras para privatizar a previdência social nos Estados Unidos revelam ainda mais o reinado dos lucros para poucos sobre os direitos de muitos.

Quero concluir evocando, em linhas gerais, os movimentos de justiça social que estão sendo desenvolvidos em todo o mundo. A oposição ao militarismo estadunidense no contexto das campanhas antiglobalização é acompanhada por uma consciência da inter-relação entre guerra e lucro. Esses movimentos estão nos oferecendo alternativas importantes para noções superficiais de multiculturalismo. No recente Fórum Social Mundial em Porto Alegre, Brasil, organizadores, ativistas trabalhistas, estudantes, profissionais da cultura e pessoas interessadas proclamaram que não têm medo de sonhar um mundo melhor. Sem abordar raça e gênero de forma isolada em relação a questões de democracia e justiça social. Essas pessoas dizem que é possível uma ordem econômica não exploradora, não racista e democrática. Dizem que novas relações sociais são possíveis, aquelas que unem os seres humanos ao redor do planeta não pelas mercadorias que alguns produzem e outros consomem, mas pela igualdade, pela solidariedade, pela cooperação e pelo respeito. Isso, em minha opinião, ajudaria a definir um multiculturalismo radical, em oposição a um multiculturalismo superficial que simplesmente pede a diversidade a serviço da exploração e da guerra. Outro mundo é possível, e, apesar da hegemonia de forças que promovem a desigualdade, a hierarquia, o individualismo possessivo e o desprezo pela humanidade, acredito que podemos trabalhar em conjunto para promover uma transformação social radical.

A DEMOCRACIA DA ABOLIÇÃO

2 de dezembro de 2005
Oakland, Califórnia

Por um feliz acaso, este encontro acontece em 2 de dezembro, Dia Internacional para a Abolição da Escravatura, conforme designado pelas Nações Unidas. Em todo o mundo, as pessoas estão honrando a data com reflexões sobre a presença contínua da escravização em nosso planeta – em particular na forma do tráfico de seres humanos – e renovada dedicação ao projeto de abolir a escravatura. Em uma mensagem divulgada hoje, o secretário-geral da Organização das Nações Unidas, Kofi Annan, disse: "As pessoas que perpetram, toleram ou facilitam a escravização ou práticas análogas à escravização devem ser responsabilizadas por meios nacionais e, se necessário, internacionais". "A comunidade internacional", acrescentou ele, "deve também fazer mais para combater a pobreza, a exclusão social, o analfabetismo, a ignorância e a discriminação, que aumentam a vulnerabilidade e fazem parte do contexto subjacente a esse flagelo".

Como este evento em prol da estação de rádio KPFA do Pacífico é o lançamento de *A democracia da abolição** (e lerei trechos do livro), quero analisar como articular uma tripla abolição: a abolição da pena de morte, a abolição do complexo industrial-prisional, incluindo seus componentes militares com suas tecnologias de tortura e terror, e a abolição dos resquícios da escravização que têm sido mantidos pela pena capital e pelo sistema prisional. As questões levantadas pela abolição, ainda mais quando consideramos a ligação orgânica entre a abolição da escravatura e a abolição das prisões e da pena capital, nos ajudam a reconhecer as armadilhas da igualdade abstrata e da democracia formal. Uma das contradições flagrantes possibilitadas pela coabitação da pobreza e do racismo, por um lado, e da igualdade jurídica e da democracia, por outro, pode ser

---

* Angela Davis, *A democracia da abolição: para além do império, das prisões e da tortura* (trad. Artur Neves Teixeira, 4. ed., São Paulo, Difel, 2019). (N. E.)

encontrada na população cada vez maior atrás das grades e na maneira descuidada como um número crescente de pessoas tem sido executado.

Nesta manhã, às duas horas, fuso do leste, quando Kenneth Lee Boyd foi morto pelo estado da Carolina do Norte, ele se tornou a milésima pessoa executada desde o restabelecimento da pena de morte em 1976. Há apenas algumas horas, Shawn Humphries foi executado na Carolina do Sul. Wesley Baker deve ser executado nos próximos dias em Maryland. E depois há a câmara da morte da prisão de San Quentin, programada para tirar a vida de Stanley Tookie Williams em 13 de dezembro. Nos últimos 25 anos, Stanley esteve na prisão transformando-se e buscando aproximar-se de outras pessoas. Autodidata, publicou nove livros, incluindo oito voltados para as crianças e projetados para inspirá-las a buscar um futuro produtivo, longe da vida das gangues. Ele também deu palestras por telefone para crianças em idade escolar e jovens de todas as idades. Como resultado do Protocolo para a Paz nas Ruas, criado por ele e que tem sido usado por gangues rivais em todo o país e no mundo, Stanley foi indicado ao prêmio Nobel da Paz. Além disso, recebeu o prêmio Call to Service, conferido pelo presidente. Vamos redobrar nossos esforços aqui na região da baía de São Francisco para evitar que nosso estado o mate.

Na última década, a pena capital tornou-se cada vez mais racional e rotineira. Trinta e cinco anos atrás, em 1970, eu mesma enfrentei a pena de morte, tendo sido acusada de três crimes capitais: assassinato, sequestro e conspiração. Na época, a pena de morte era aplicada de forma clara e intencionalmente racista. Em 1972, a pena capital foi temporariamente abolida na Califórnia e, em 1973, a Suprema Corte dos Estados Unidos decidiu, no caso "Furman *vs.* Geórgia", que sua aplicação era inconstitucional. Abolicionistas da pena de morte receberam a decisão como um grande triunfo, mas, como se viu, foi uma vitória de Pirro. Três anos depois, a decisão da Suprema Corte no caso "Gregg *vs.* Geórgia" declarou que as sentenças de morte eram constitucionais se aplicadas de acordo com o que a Suprema Corte chamou de critério orientado.

As diretrizes atuais para a aplicação da pena de morte são bastante racionais e refletem o individualismo abstrato associado ao liberalismo e, especialmente, ao neoliberalismo. Refletem também a suposição, bastante simplista, de que a pena de morte deixa de ser uma punição influenciada pelo racismo quando é igualmente estendida às pessoas brancas. A igualdade prevalece se as execuções se tornam oportunidades igualitárias de punição. Cinco anos após o início do século XXI, há de fato mais pessoas brancas no corredor da morte. Na verdade, as execuções que mencionei, com exceção da execução planejada de Stanley Tookie Williams, foram assassinatos cometidos pelo Estado contra homens brancos.

Essa noção de que a igualdade formal é o prenúncio de um mundo melhor é profundamente falha, o que significa que a condenação de uma pessoa branca à morte não pode ser considerada, em nenhuma circunstância – mesmo, como no caso de James Byrd, por matar uma pessoa negra –, sinal de progresso. Mas volto a outro exemplo das armadilhas da igualdade abstrata. Nas conversas com Eduardo Mendieta em *A democracia da abolição*, ele me perguntou sobre as fotografias de tortura e coerção sexual em Abu Ghraib e o que ele chamou de "contrato de oportunidades iguais de tortura sexual-racial", no qual a igualdade de gênero é interpretada como oportunidade igualitária para empunhar as armas da violência controladas pelo Estado. O que foi mais chocante para muitas pessoas que viram as fotos foi o fato de que as soldadas estavam tão envolvidas na violência sexual quanto os homens. Isso deveria ser impossível; mulheres não deveriam ser capazes de infligir violência sexual a pessoas presas. Esta foi a minha resposta:

> As representações das soldadas foram bastante dramáticas, e a maioria das pessoas as considerou totalmente assustadoras. Mas também podemos dizer que forneceram evidências poderosas do que as análises feministas mais interessantes já tentaram explicar: há uma diferença entre o corpo com gênero feminino e o conjunto de discursos e ideologias que influenciam o sistema sexo/gênero. Essas imagens foram uma espécie de representação visual da conjunção sexo/gênero. Não nos acostumamos a apreender visualmente a diferença entre corpos femininos e ideologias supremacistas masculinas. Portanto, ver imagens de uma mulher envolvida em um comportamento que associamos à dominação masculina é surpreendente. Mas não deveria ser, ainda mais se levarmos a sério o que sabemos sobre a construção social de gênero. Particularmente nas instituições que se apoiam em ideologias de dominação masculina, as mulheres podem ser mobilizadas para cometer os mesmos atos de violência esperados dos homens – assim como as pessoas negras, por serem negras, não estão, portanto, imunes à acusação de promover o racismo.

Continuei:

> As imagens a que você se refere evocam a lembrança de um comentário feito por Colin Powell durante a primeira Guerra do Golfo. Ele disse que as forças armadas eram a instituição mais democrática em nossa sociedade e criaram um sistema no qual as pessoas podiam escapar das condicionantes de raça e, podemos acrescentar

hoje, também de gênero. Essa noção de que as forças armadas são uma instituição niveladora, que constitui cada membro como igual, é assustadora e perigosa, porque você pode acabar concluindo que a igualdade está relacionada a oportunidades iguais para matar, torturar, se envolver em coerção sexual.

Na época, achei muito grotesco que Powell apontasse a instituição mais hierárquica, com sua rígida cadeia de comando, como o epítome da democracia. Hoje, eu diria que tal concepção de democracia revela problemas e limitações das estratégias e discursos dos direitos civis.

Isso é válido não apenas em relação à raça e ao gênero, mas também em relação à sexualidade. Por que o esforço para desafiar o machismo e a homofobia nas forças armadas é, em geral, definido pela questão da admissão às hierarquias existentes e não também por uma crítica poderosa da própria instituição? A igualdade pode ser considerada o direito igual de recusar e resistir.

Como considerar a representação visual de corpos femininos colaborando em atos de tortura sexual – forçando homens árabes a se masturbarem em público, por exemplo – um apelo a uma análise feminista que desafie os pressupostos predominantes de que a única relação possível entre mulheres e violência exige que as mulheres sejam as vítimas?

Quando se olha para certas práticas, muitas vezes inquestionavelmente aceitas por agentes prisionais mulheres nas prisões dos Estados Unidos, pode-se ver nelas um potencial de coerção sexual que se revelou no centro das estratégias de tortura em Abu Ghraib. Volto, portanto, à questão daqueles circuitos de violência estabelecidos dos quais mulheres e homens participam, às técnicas de racismo administradas não apenas por pessoas brancas, mas também negras, latinas, indígenas e asiáticas. Hoje podemos dizer que todos temos a mesma oportunidade de perpetuar a dominação masculina e o racismo.

Assim, as pessoas no poder, independentemente de gênero ou raça, têm a mesma oportunidade de infligir violência racista e sexista às outras. Esta talvez seja a mensagem implícita mais importante da "diversidade" em nosso governo. Coloco o termo entre aspas porque o próprio termo "diversidade" impede as pessoas de refletir de forma séria e profunda sobre em que medida nossas instituições estão completamente saturadas de racismo, sexismo, homofobia, preconceito de classe e xenofobia. De acordo com George Bush, que gosta de se parabenizar por ser o presidente de um país diverso, a diversidade é uma coisa muito boa, principalmente se não desequilibrar o barco. Durante sua primeira visita ao Brasil, ele mencionou que não tinha consciência, antes, de que havia uma população tão grande de pessoas negras ali. Não faz muito tempo, ele fez uma segunda visita e estava suficientemente bem informado quando conversou com o presidente Lula a ponto de qualificar tanto o Brasil quanto os Estados Unidos como sociedades "diversas". Parece que ele gosta de usar essa palavra.

Quando Eduardo e eu começamos a conversar sobre o problema da presidência de Bush, Eduardo disse:

Acho que há uma espécie de identificação entre a população dos Estados Unidos e o presidente. É impressionante que, apesar da mentira, da farsa e da manipulação por parte de Bush, ele consiga ser reeleito. Quando autoridades e presidentes podem pisotear a verdade e a lei, estamos no meio do império.

Eis o que respondi:

O 11 de Setembro produziu um pânico moral e depois um espectro de terrorismo que colocam a segurança no centro de todas as conversas, tanto as que são favoráveis à guerra no Iraque quanto as que são contra. Esse foco na segurança como policiamento interno e externo ajuda a forjar um medo onipresente que faz que as pessoas ignorem as dimensões da segurança que exigiriam atenção a questões como saúde, educação e moradia, por exemplo.

O principal problema da presidência não é a questão da farsa – a maioria das pessoas, independentemente de suas filiações políticas e de seu nível de educação, dá como certo o fato de que a classe política mente e engana. Essa é a natureza do jogo, e não estou certa de que Bush se destaque por sua capacidade de enganar. Bush foi reeleito justamente devido ao pânico gerado pelos ataques do 11 de Setembro e pela facilidade com que ficamos todos fascinados pelas imagens e pela retórica do nacionalismo associadas às reivindicações da cidadania estadunidense. A excepcionalidade dos Estados Unidos é dada como certa, e não há discurso popular que nos permita compreender que a superioridade dos Estados Unidos se baseia na exploração e na repressão.

Por que passamos tão rapidamente a imaginar a nação como o limite da solidariedade humana, justo em um momento em que pessoas de todo o mundo se identificavam com nossa dor e nosso sofrimento? Por que não foi possível receber essa solidariedade de uma forma que nos permitisse retribuí-la e nos imaginarmos mais amplamente como cidadãs e cidadãos do mundo? Isso teria permitido aos Estados Unidos incluir pessoas que não são consideradas legalmente "cidadãs".

A produção da nação como modo primordial de solidariedade era excludente, expulsando quem, dentro ou fora, não possuísse cidadania legal. Os ataques brutais a pessoas que parecessem ser muçulmanas ou árabes revelaram que o racismo estava bastante vivo nos Estados Unidos e atingia novos alvos. Então, acho que estou mais preocupada com a facilidade com que esse pânico moral surgiu que com a desonestidade e a farsa do presidente.

E se vocês pensarem em quatro anos atrás, se lembrarão da rapidez com que muitas pessoas que se consideravam progressistas e radicais se refugiaram na ideia de que nós, estadunidenses, tínhamos de nos consolidar como nação militarizada, o que inevitavelmente significava excluir todas as pessoas que não fossem estadunidenses.

Na verdade, muitas pessoas de minorias étnicas e raciais ficaram bastante orgulhosas por estarem agora incluídas sob o manto estadunidense. Uma conhecida minha que tem passaporte duplo – na verdade, ela tem cidadania dos Estados Unidos, de Gana e da Grã-Bretanha – disse que voltou logo após o 11 de Setembro e que pela primeira vez na vida, quando os funcionários da imigração viram seu passaporte, disseram a ela: "Bem-vinda ao lar".

Voltando à conversa com Eduardo:

> No período anterior ao colapso internacional do socialismo, existia a prática de designar as comunidades que lutavam por direitos trabalhistas, contra o racismo, por justiça, paz e igualdade, como os "Outros Estados Unidos". Hoje, parece que muitos de nós que se opõem às políticas e práticas do governo Bush ainda somos, no fundo, bastante influenciados pela ideologia da excepcionalidade estadunidense. Daí a sensação de paralisia após o 11 de Setembro e a perigosa adoção do pior tipo de nacionalismo.

Eu disse a ele:

> Isso me incomoda mais que qualquer outra coisa, porque, se quisermos ter esperança de um futuro melhor, precisaremos ser capazes de nos imaginar como cidadãos e cidadãs de uma nova ordem global, que pode muito bem incluir aceitarmos a liderança de pessoas do Iraque e de outras que estejam engajadas nas batalhas da linha de frente. Isso pode parecer nostalgia de um passado político menos complexo que nossos tempos atuais, mas na verdade estou tentando reconhecer de que maneiras às vezes tendemos a confiar nas ideologias a que acreditamos nos opor. Um de nossos principais desafios é recriar a noção de segurança. Como podemos tornar o mundo seguro contra a devastação causada pelo capitalismo global? Esse amplo senso de segurança poderia envolver a redução da dívida da África. Poderia significar o fim do rolo compressor da privatização que ameaça novas sociedades, como a que a população da África do Sul, por exemplo, vem tentando construir.

Poderia envolver transferir a prioridade dada ao complexo industrial-prisional para educação, habitação, saúde. Bush foi eleito pela segunda vez precisamente devido ao pânico moral que desviou a atenção das pessoas das questões mais complexas sobre nosso futuro. Bush foi eleito não apenas devido ao medo de outro ataque terrorista, mas devido ao medo de que a superioridade global dos Estados Unidos possa estar em decadência.

Quando Eduardo me fez uma pergunta sobre a relação entre a produção das leis e a violação das leis nos Estados Unidos, respondi da seguinte forma:

O intrincado vocabulário legal produzido pela guerra contra o terror teria gerado um grande material para comédias se não tivesse consequências tão brutais. Novas categorias foram implantadas como se tivessem uma longa história no direito e nas práticas comuns – como se fossem óbvias –, e seus efeitos estratégicos de burlar as Convenções de Genebra e uma série de instrumentos de direitos humanos mais uma vez se basearam na noção de que os Estados Unidos estão acima da Organização das Nações Unidas, do Tribunal Internacional de Justiça e de tudo o mais.

E prossegui:

Eu me pergunto se esse subterfúgio não aponta para um problema mais generalizado, o do novo discurso político gerado pelo governo Bush. O vocabulário de Bush, que pretende expressar ideias complexas em termos mais simples e pouco sofisticados, é, ao mesmo tempo, sedutor e assustador. É sedutor porque parece não exigir nenhum esforço de compreensão; é perigoso porque apaga tudo o que é realmente importante. Assim como se considera óbvio o sentido de "combatente inimigo", o mesmo acontece com o sentido dos termos "liberdade" e "democracia".
Esse nivelamento do discurso político a tal ponto que não deve exigir nenhum esforço de compreensão – que deve parecer óbvio, incontestável e lógico – permite a agressão e a injúria. Isso vale para o vocabulário simplista e muitas vezes grosseiro que Bush tende a usar, vale para como ele repete as palavras "liberdade" e "democracia" de modo a esvaziá-las de conteúdo substancial e vale para sua representação de terroristas como "facínoras". Mas também vale para noções legalistas como "combatente inimigo" e "rendição extraordinária".

Pois rendição extraordinária descreve um processo de transporte de pessoas presas para outros países com o objetivo de interrogá-las. O que o termo esconde é que os países para os quais essas pessoas são entregues são conhecidos por empregar tortura. E, é claro, descobrimos recentemente as prisões secretas da CIA na Europa oriental.

Em um momento posterior de nossa conversa, falamos sobre W. E. B. Du Bois e a democracia da abolição. Du Bois argumentou que a abolição da escravatura foi realizada apenas no sentido negativo.

> Para alcançar a abolição *integral* da escravatura – depois que a instituição foi declarada ilegal e as pessoas negras foram libertadas de suas correntes –, novas instituições deveriam ter sido criadas para incorporá-las à ordem social. A ideia de que toda pessoa antes escravizada deveria receber dezesseis hectares e uma mula às vezes é ridicularizada como um boato pouco sofisticado que circulou entre as pessoas escravizadas. Na verdade, essa noção se originou em uma ordem militar que cedeu terras confederadas abandonadas a pessoas negras libertadas em algumas partes do Sul. Mas a demanda contínua por terra e os animais necessários para cultivá-la refletiam um entendimento entre as pessoas antes escravizadas de que a escravização não poderia ser de fato abolida até que elas tivessem os meios econômicos para sua subsistência. Elas também precisavam de acesso a instituições educacionais e precisaram reivindicar o voto e outros direitos políticos, um processo que havia começado, mas permaneceu incompleto, durante o curto período da Reconstrução Radical que terminou em 1877.

Du Bois argumenta que uma série de instituições democráticas é necessária para alcançar plenamente a abolição – daí a democracia da abolição.

> Se pensarmos na pena capital como herança da escravatura, sua abolição envolveria também a criação das instituições sobre as quais Du Bois escreveu, instituições que ainda precisam ser construídas 140 anos após o fim da escravização. Se associarmos a abolição da pena capital à abolição das prisões, precisamos ter a disposição de abandonar a primeira alternativa, que é a vida sem possibilidade de liberdade condicional. E pensando especificamente no problema das prisões, usando a abordagem da democracia da abolição, propusemos a criação de um conjunto de instituições sociais que começariam a resolver os problemas sociais que colocam as pessoas no caminho da prisão, contribuindo, assim, para tornar a prisão obsoleta.

Muitas pessoas não querem se opor à pena de morte a menos que possam garantir que aqueles que escapam da pena capital serão mantidos na prisão pelo resto da vida. Ou seja, em vez de sofrer a morte corporal, a morte do corpo, sofrerão a morte civil da prisão. Eu disse a Eduardo:

> Existe uma relação direta com a escravatura. Quando a escravatura foi abolida, a população negra foi libertada, mas não tinha acesso aos recursos materiais que

permitiriam a ela moldar uma vida nova e livre. As prisões prosperaram ao longo do último século precisamente devido à ausência desses recursos e à persistência de algumas das estruturas profundas da escravatura. Portanto, elas não podem ser eliminadas até que novas instituições e recursos sejam disponibilizados para as comunidades que, em parte, fornecem os seres humanos que compõem a população carcerária.

A pena capital deveria ter sido abolida e poderia muito bem ter sido abolida se a escravização não tivesse continuado a ser uma força importante neste país. Durante o período da Revolução Americana, houve um grande debate sobre a pena capital, que poderia ser a sentença de uma ampla variedade de crimes, incluindo incêndio criminoso, falsificação, estupro, roubo e até roubo de cavalos. Benjamin Franklin, Benjamin Rush e outros a consideravam arcaica e bárbara, argumentando que ela não tinha lugar em uma sociedade democrática. A maioria dos estados acabou abolindo a pena capital para a maior parte dos crimes menores que assassinato (e, em alguns casos, estupro). No entanto, no contexto da lei escravista, a sentença de morte continuou a ser infligida a pessoas escravizadas por delitos muito menores. Assim, na verdade, a pena de morte por delitos menores foi abolida apenas para pessoas brancas. Foi uma abolição completamente racializada. Abolicionistas logo indicaram que na Virginia, por exemplo, um homem branco só podia ser punido com a morte se tivesse cometido assassinato, mas um escravizado podia estar sujeito à pena de morte por mais de setenta delitos diferentes. A escravização tornou-se um refúgio para a pena de morte, inclusive como forma comum e rotineira de punição.

Após o fim da escravatura, a pena de morte, que era parte integrante da lei escravista, foi gradualmente perdendo o caráter racial; passou a fazer parte do direito como um todo de tal maneira que sua conexão aparentemente óbvia com a escravatura estava prestes a ser apagada. Hoje, a pena de morte está esvaziada do racismo histórico que a produziu. É verdade que há um número extremamente desproporcional de pessoas negras e de outras minorias étnicas e raciais nos corredores da morte em todo o país e também é verdade que uma pessoa tem maior probabilidade de ser condenada à morte se suas vítimas forem brancas. Embora seja importante reconhecer e contestar esses modos racistas como a pena de morte é aplicada, talvez seja ainda mais importante entender o racismo estrutural que surgiu da relação entre a pena de morte e a escravização.

Vamos voltar atrás e dizer algumas palavras sobre o racismo na era contemporânea, ou seja, o racismo no que é frequentemente chamado de era pós-direitos civis, em especial desde que Rosa Parks foi promovida ao panteão do heroísmo nacional. Embora eu sempre tenha nutrido profundo respeito por Rosa Parks, tive muitas dúvidas sobre a decisão do governo Bush de realizar suas honras fúnebres na rotunda do Capitólio, a primeira mulher a receber essa honra. Proclamá-la heroína nacional equivalia a declarar que a luta contra o racismo terminou triunfante. O corpo de Rosa Parks foi transmutado em um símbolo de vitória sobre a injustiça racial e a desigualdade. Viva, ela certamente teria insistido para a luta continuar. *A luta continua*.

Existem estruturas persistentes de racismo, estruturas econômicas e políticas que não expõem abertamente suas estratégias discriminatórias, mas, mesmo assim, servem para manter as comunidades de minorias étnicas e raciais em condição de inferioridade e opressão.

Em conversas com Eduardo, eu disse:

> Portanto, penso na pena de morte como a incorporação das heranças históricas do racismo dentro do quadro de um sistema jurídico que foi esvaziado do racismo manifesto, mas continua a fornecer refúgio para as heranças do racismo. É o que explica que a pena capital ainda esteja tão viva em um país que se apresenta como modelo de democracia para o mundo. Há atualmente mais de 3.500 cidadãs e cidadãos estadunidenses no corredor da morte nos Estados Unidos, ao mesmo tempo.

É preciso dizer que nem todas essas 3.500 pessoas têm sua cidadania legalizada. "Há mais de 3.500 pessoas no corredor da morte nos Estados Unidos em um momento em que todos os países europeus aboliram a pena capital, em que a União Europeia faz da abolição da pena de morte uma precondição para a adesão ao bloco."

A Turquia aboliu recentemente a pena de morte para entrar na União Europeia. A Costa do Marfim acaba de abolir a pena de morte. O Senegal acaba de abolir a pena de morte. Na verdade, a tendência na África é abolir a pena capital, acompanhando a África do Sul. A pena capital é um receptáculo para os legados do racismo. Mas agora, sob a regra da igualdade legal, ela pode inocular seu poder letal em qualquer pessoa, independentemente da origem racial.

É curioso como fica cada vez mais difícil transformar os discursos que criar novas instituições. Muitas décadas depois que a fábula da unidade negra foi desmascarada, o pressuposto mais difundido no interior das comunidades negras continua sendo o de que só a unidade trará avanços. Mesmo agora, quando podemos apontar pessoas como Condoleezza Rice e Clarence Thomas, o povo mantém esse sonho de unidade. A juventude começando a desenvolver uma noção de estar no mundo acredita que a única maneira de criar um futuro melhor para as muitas pessoas negras que levam uma vida econômica e intelectualmente empobrecida é unir toda a comunidade negra. Ouço isso repetidamente.

Qual seria o propósito de unir toda a comunidade negra? Como alguém poderia unir as pessoas de todas as complexas linhas políticas e de todas as classes? Seria inútil tentar criar uma única comunidade negra hoje. Eu disse, então:

> Mas faz sentido pensar em organizar comunidades, organizar comunidades não apenas em torno de sua negritude, mas principalmente em torno de objetivos políticos. A luta política nunca foi exatamente uma questão de como é identificada ou decide se identificar, mas tem sido uma questão de como se pensa que raça, gênero, classe e sexualidade afetam a construção das relações humanas no mundo.

RACISMO: PASSADO E PRESENTE

Universidade de Washington, Seattle
17 de abril de 2007

Nesta noite, antes de começar, eu gostaria de relembrar os trágicos acontecimentos da manhã de ontem na Universidade Virginia Tech. Sei que todos nós sentimos profunda empatia por familiares e amigos das pessoas que foram mortas naquele *campus*. Ao que tudo indica, foi o pior tiroteio em massa da história deste país. Mas, ao expressarmos simbolicamente condolências às famílias e amigos das alunas e dos alunos assassinados, devemos refletir sobre até que ponto a violência se tornou padrão nacional de comportamento, facilmente disponível como forma de expressão de uma série de distúrbios psicológicos ou emocionais. Inicio com essa observação porque estou muito preocupada com o contexto interpretativo que tem sido criado para nós.

Verifiquei meu e-mail pouco antes de vir para cá e encontrei uma mensagem, enviada por alguém que ocupa um cargo na instituição em que leciono, sobre medidas de segurança no *campus*. Estou preocupada que agora nos peçam para aceitar, como solução para essa horrível tragédia, medidas de segurança mais intensas. Gostaria que refletíssemos sobre o que significa testemunhar o avanço crescente de algo que poderíamos chamar de estado de segurança, um estado de segurança que depende do medo coletivo. Temos terroristas e, por isso, concordamos com uma guerra global contra o terror. Temíamos comunistas – devo dizer *eles* temiam comunistas, porque eu era uma comunista que eles temiam. Também temos o crime, e por isso há cada vez mais prisões, um número cada vez maior de pessoas encarceradas, um número cada vez maior de pessoas condenadas à morte.

Essa horrível tragédia na Virginia me fez pensar no que orienta nosso medo. Por que aprendemos a temer o terrorismo, mas não o racismo nem o sexismo, tampouco a homofobia? Eu me pergunto por que não temos um presidente que comanda uma campanha, no século XXI, em prol do império estadunidense global. Pergunto-me por que não tememos a forma distorcida como a democracia está sendo definida sob os auspícios do atual governo. E me pergunto por que não tememos a privatização. Poderíamos mencionar todos os serviços sociais que foram privatizados. Poderíamos falar também sobre a privatização da guerra. Poderíamos falar sobre o que Naomi Klein chamou de "capitalismo do desastre". Logo depois do Katrina, eu estava com alguns amigos e disse: "Quando vocês menos esperarem, a Halliburton chegará a New Orleans"*. Eu estava zombando. E então, é claro, lá estava ela.

Acho que pode ser importante refletirmos sobre o que molda, provoca e define nosso medo. Nesta noite me pediram para falar sobre direitos civis, direitos humanos, o trabalho inacabado da luta pela igualdade aqui nos Estados Unidos e as conexões com outras lutas, as dimensões transnacionais.

Começo dizendo que continuamos, no início do século XXI, vivendo uma história que muitas vezes relegamos ao passado. Em um momento em que várias lideranças políticas deste país, e a maioria dos ministros da Suprema Corte, argumentam que justamente porque a justiça racial foi alcançada a ação afirmativa não é mais necessária na busca de igualdade racial ou de gênero, pode ser importante refletir sobre o sentido da justiça, o sentido da justiça racial, o sentido da justiça de gênero e falar mais profundamente sobre raça. O princípio da neutralidade racial saturou tanto nossas ideias sobre raça que agora tendemos a acreditar – ou pelo menos quem votou pelo fim da ação afirmativa na Califórnia, aqui em Washington e recentemente em Michigan tende a acreditar – que a única maneira de alcançar a justiça racial é não enxergar o trabalho que a raça faz, o que significa que o próprio racismo é ignorado.

Eu gostaria que hoje refletíssemos profundamente a respeito de quanto convivemos com o racismo, sofremos sua influência e, em grande medida, o aceitamos como um fato da vida social. E gostaria que pensássemos sobre quais perguntas podemos fazer a respeito dos diversos modos como o racismo se transforma e se torna algo totalmente diferente do racismo contra o qual o movimento por direitos civis lutou. Isso me leva a perguntar: onde reside a raça? Onde reside o racismo? Onde residia no passado? Como reduzimos os espaços assombrados pelo racismo para começar a eliminá-lo? Então queremos

---

* A Halliburton é uma multinacional estadunidense dos setores de petróleo e construção, e obter os contratos para reconstruir New Orleans foi um grande negócio para a empresa. (N. T.)

falar sobre algo como as migrações do racismo. Podemos perguntar: em que medida a chamada guerra ao terror e a atual guerra no Iraque mudaram a forma como o racismo se manifesta? E por que temos dificuldade de perceber esse racismo? Por que temos dificuldade de perceber a guerra no Iraque como uma guerra racista?

Enquanto eu assistia às notícias sobre os acontecimentos na Virginia Tech, houve um breve relato sobre o que aconteceu ontem no Iraque. Aparentemente, cinco soldados foram mortos. Tomamos conhecimento todos os dias do número de mortos, não é? Óbvio que os números não são capazes de captar que sempre que alguém perde a vida, trata-se de uma grande tragédia – sejam cinco, sejam cem as pessoas. Mas estou interessada no fato de que raramente ouvimos os números sobre a população iraquiana. Por quê? Por mais difícil que seja ultrapassar a barreira desses números, ao menos teríamos algo com que trabalhar. E, é claro, as estimativas variam de 500 mil a 700 mil pessoas mortas até agora; há quem diga que 1 milhão de pessoas morreram na guerra no Iraque. Por que não conseguimos sequer ter uma conversa nacional sobre isso?

Há uma relação entre essa questão e a maneira como nossas emoções foram treinadas e educadas pelo racismo. Não estou falando do racismo como algo que não pode afetar aquelas pessoas cujo corpo é racializado como alvo de discriminação racista. Vocês entendem o que estou dizendo? Todos sustentamos essas influências ideológicas. Aprendemos a pensar em termos racistas. Quantas mulheres negras nesta sala de conferências já atravessaram a rua ao ver um jovem negro de calças folgadas, que se tornou o estereótipo?

O racismo desempenha um papel importante na determinação de quem está sujeito à punição do Estado e quem não está. Quantas pessoas estão na prisão agora? Mais de 2 milhões! Sempre pensamos em números como um fato concreto, não é? Quem tem números sabe exatamente o que está acontecendo. Mas muitas vezes deixamos de pensar no poder enganador dos números. Existem aproximadamente 2,2 milhões de pessoas encarceradas hoje em presídios de condados, prisões estaduais, prisões federais, presídios operados por autoridades indígenas, prisões militares e centros de detenção de imigrantes. (Não sabemos quantas pessoas os Estados Unidos encarceram no exterior em sua rede de prisões militares secretas.) Isso significa que, ao longo de um ano, mais de 13 milhões de pessoas são encarceradas pelas autoridades. O que quero sugerir é que, quando consideramos o número desproporcional de pessoas de minorias étnicas e raciais entre as detidas e encarceradas, bem como o papel ideológico que a prisão desempenha em nossa vida, a população carcerária do país nos fornece evidências visíveis de quem não pode participar desta democracia, ou seja, quem não tem os mesmos direitos, quem não goza das mesmas liberdades, quem não pode alcançar o mesmo nível de educação e oportunidades, quem não pode fazer parte do corpo político e quem, portanto, é vítima de uma forma de morte civil.

O governador da Flórida decidiu que vai fazer pressão para mudar as leis relativas à privação do direito ao voto por crime. Vocês já ouviram falar sobre isso? Por que ninguém fez isso antes das eleições de 2000? Porque, óbvio, se uma pequena parcela das 950 mil pessoas que são privadas do direito de votar na Flórida tivesse votado, não restaria dúvida sobre a derrota do atual presidente do país. Há uma dúvida em relação à vitória, não é? Não vou dizer que ele foi eleito, porque ele não foi. Mas não haveria dúvida sobre a derrota. De todos os estados, a Flórida tem o maior número de pessoas ex-detentas privadas do direito a voto: 950 mil pessoas.

As pessoas que estão na prisão não podem votar. Acho muito estranho que não questionemos o fato de, por estar na cadeia, você não ter direito a voto, não participar da arena política, sofrer banimento, exclusão. Eu me pergunto por que isso acontece, afinal, existem países onde as pessoas votam quando estão na prisão. Simplesmente colocam urnas e permitem que votem. No passado, estudantes não podiam votar, não havia locais de votação nos *campi*. Se você não voltasse para a cidade em que havia se registrado, não tinha como votar. Lembram-se disso? Na verdade, existem semelhanças entre as universidades e as prisões. Poderíamos procurá-las se quiséssemos.

Mas o que estou tentando demonstrar agora é que as prisões nos dizem que somos livres. Podemos nos reconhecer como participantes de uma democracia porque nos é dado olhar de frente para essa instituição que colocou atrás dos muros as pessoas que não podem. E porque existem pessoas que não podem, quando nos comparamos a elas, sabemos que nós podemos. Em certo sentido, vocês podem dizer que sabemos que estamos vivos, pelo menos civil ou politicamente, olhando para pessoas que foram relegadas à morte civil.

Habitamos um ambiente imagético saturado de representações da prisão. Seria interessante manter uma contagem de quantos programas de televisão, filmes e artigos de revista vocês encontram com representações de presídios, prisões e pessoas detidas. E a saturação de nosso ambiente visual nos leva a pensar que temos algum conhecimento real sobre o assunto. Mas, na verdade, o conhecimento real sobre essa instituição foi colocado à margem da percepção pública. A mídia não nos educa sobre os custos e as consequências, de longo prazo, que a prisão nos impõe como nação, como comunidades, como famílias e como populações e indivíduos na condição de não residentes. A mídia não nos educa sobre como a instituição da escravatura permaneceu, geração após geração, influenciando o modo como outras instituições são administradas.

Também estou preocupada com a 13ª emenda à Constituição dos Estados Unidos e sua capacidade de abolir a escravização. Quase todos tratamos o direito como uma religião. Na verdade, existem conexões reais. Muitos tribunais do país trazem quatro palavras nas paredes: "NÓS CONFIAMOS EM DEUS". Acreditamos no que diz a lei; mas como a lei pode abolir uma instituição que, de tantas maneiras, desempenhou papel tão importante na formação do destino deste país? A 13ª emenda afirma: "Nem escravização nem servidão involuntária, exceto como punição para crimes pelos quais a pessoa tenha sido devidamente condenada". Isso faz parecer que os redatores estavam falando principalmente da servidão involuntária. Hoje cedo em uma conversa com um grupo de estudantes, estávamos questionando o papel que a 13ª emenda desempenha na história dos direitos civis neste país.

O que os autores da 13ª emenda queriam dizer e propor? Estavam falando sobre a escravização como propriedade humana? Era disso que falavam? Falavam de formas de punição, punição corporal, todas essas formas de punição associadas à escravização? Falavam sobre o fato de que a escravização é não cidadania? Sobre o que estavam falando? O que tentaram abolir? Meu povo continuou a ter o que todos chamamos de cidadania de segunda classe por muito tempo, não foi? Então acho que não era a isso que se referiam. Ou, se a intenção estava ali, na verdade ela não foi transmitida. Se a escravização foi abolida em sua totalidade, por que levou mais cem anos para que a população negra do Sul conquistasse o direito ao voto? Posso lhes contar que quando me registrei para votar pela primeira vez – na verdade, *tentei* me registrar, porque sou do Sul – não obtive permissão porque não era culta o bastante. Não passei no teste aplicado em Birmingham, Alabama. Creio que meu argumento é que ainda convivemos com os vestígios da escravização, e essa é uma das explicações para o fracasso deste país em conceder direitos iguais a todas as pessoas que nele vivem.

O que significa ter direitos iguais? Como eu disse antes, comparamos implicitamente quem tem e quem não tem direitos. Assim, a pessoa prisioneira se torna o parâmetro negativo do que significa ser participante da sociedade civil, o que significa gozar de direitos civis.

Já que me pediram para falar sobre direitos civis, gostaria de contar brevemente como foi minha infância, crescendo nos Estados Unidos, como cidadã do país, nascida de cidadãos do país. Sou do Sul e cresci sob o que vocês podem chamar de vestígios visíveis da escravização, a inferioridade imposta à população negra: sistema escolar separado, bairros separados, instituições culturais separadas, clubes separados, empregos segregados, sindicatos segregados. Nossa vida era tal que nunca encontrávamos pessoas brancas, exceto em circunstâncias altamente estruturadas. E as circunstâncias sempre eram regidas por um protocolo que tivemos de aprender. A interação social entre pessoas negras e brancas era ilegal. Lembro-me de várias vezes, quando adolescente, estar em um carro com amigos e sermos parados pela polícia porque alguém no carro, uma amiga minha, tinha pele muito clara, e os policiais achavam que era branca. Acho curioso, agora, que tudo o que tivemos de fazer foi dizer ao policial branco: "Ah, ela não é branca. Ela só parece ser branca". E isso explicou tudo. Ele disse: "Tudo bem". Mas eu tive que aprender o protocolo do racismo. Não podia atravessar a rua porque havia leis de zoneamento racial. Não podia entrar em um banheiro a menos que estivesse marcado como "mulheres de cor". Não podia me imaginar frequentando a Universidade do Alabama, que era exclusiva para pessoas brancas.

Mas, é claro, como sabemos, o movimento pelos direitos civis desafiou com sucesso a segregação racial. Quando volto para Birmingham, agora, esse protocolo, essas leis de zoneamento não me restringem mais. Não preciso me preocupar com a possibilidade de não haver banheiro para mulheres de cor; posso entrar em qualquer museu da cidade; posso visitar a principal biblioteca do centro. Posso ser convidada a falar na Universidade do Alabama, onde, no passado, teria sido presa se tentasse entrar no *campus*.

Mas eu estaria exagerando de forma grosseira as circunstâncias atuais de minha cidade natal, Birmingham, Alabama, se generalizasse dizendo que o racismo foi eliminado. A pobreza ainda está concentrada nas comunidades negras. As escolas das comunidades negras ainda são precárias. As pessoas negras ainda têm menos oportunidades de frequentar uma faculdade, especialmente aquelas historicamente brancas. E o número de pessoas negras atrás das grades é muito maior hoje do que se poderia imaginar durante a era do movimento pelos direitos civis.

É verdade que certas manifestações do racismo, como a segregação racial legalizada, foram eliminadas. Mas nos aferramos tanto à segregação como sendo o cerne do racismo que não percebemos a profunda existência estrutural e institucional do racismo. Aqui estamos nós, mais de cinquenta anos depois do início daquele movimento pelos direitos civis, e ainda temos pessoas como Ward Connerly; não quero sequer começar a falar sobre ele. Parece que em meados do século XX entendíamos o impacto da segregação racial, sobretudo porque ela estava inscrita na lei. As pessoas poderiam ser presas e sentenciadas à prisão por violar os estatutos de segregação. A segregação não era apenas um sistema de separação, era um sistema de vigilância amparado na violência extralegal, na violência do Estado. Sabemos, é claro, o nome de algumas pessoas executadas ou sentenciadas à morte pelo Estado – por exemplo, os Scottsboro Boys; também sabemos o nome de algumas vítimas de violência racista extralegal, como Emmett Till, Viola Liuzzo e Schwerner, Goodman e Chaney.

Mas o fato é que há muitos nomes que não conhecemos. Uma das coisas que aconteceram quando estavam procurando por Goodman, Chaney e Schwerner foi que encontraram outros corpos, muitos; corpos de pessoas que, se foram procuradas, nunca o foram oficialmente. E sei que há gente atualmente trabalhando na questão das reparações – não em relação à escravização, mas em relação a crimes e injustiças cometidos durante o período recente do movimento pelos direitos civis.

O argumento que estou tentando demonstrar é que tendemos a pensar que o racismo era explícito. Não é essa a palavra que usamos quando falamos em segregação, quando falamos daquele tempo em que o racismo era legalizado? Não tendemos a mencioná-lo como explícito? E agora tendemos a pensar que é velado. Eu me pergunto por quê. Talvez porque novamente aprendemos a não o perceber, porque já fomos persuadidos de que a única maneira de eliminá-lo é fingir que ele não existe, a única maneira de eliminar o racismo é fingir que a raça não existe. Portanto, não notamos a escassez de estudantes de origem negra, latina e indígena nos *campi* universitários. Se já entramos em uma prisão, não é evidente que nos deparamos com uma situação exatamente inversa da que encontramos em um *campus* universitário? No Sul segregado, os sinais de racismo, que estavam por toda parte, os sinais literais, nos obrigavam a notá-lo. Mas agora que os sinais se foram, as práticas discriminatórias permanecem sob o signo da igualdade. Então, por que não vemos o dano que o racismo está causando a nossa sociedade? Por que não vemos os danos que as políticas racistas estão causando ao mundo?

Não vou dizer aqui que o racismo é um pressuposto da igualdade de oportunidades, mas o que vou dizer é que ele não coincide necessariamente com o corpo das pessoas que são seus agentes explícitos ou implícitos. Olhem para nosso governo. Olhem para Condoleezza Rice. Quem poderia imaginar? Quando estávamos lutando pelos direitos civis, quem poderia imaginar que haveria uma mulher negra servindo como secretária de Estado dos Estados Unidos, e não só isso. Para mim teria sido difícil imaginar que, no século XXI, eu poderia afirmar que preferiria que um homem branco fosse secretário de Estado se ele se opusesse ao racismo e à guerra.

Algo que eu já disse sobre Condoleezza foi que, por virmos do mesmo lugar, eu havia percebido essas semelhanças marcantes na forma como narramos nossas próprias histórias. Eu disse: como isso pode acontecer? Mas então percebi que – vou apenas resumir – ela narra sua história como uma história de triunfo individual. Na verdade, ela disse em uma entrevista que, durante sua infância em Birmingham, todo mundo afirmava a ela que, para conseguir algo, uma pessoa negra precisava correr cinco vezes mais rápido que uma branca. Ela disse: "Mas algumas de nós corremos oito vezes mais rápido". Eu poderia fazer uma análise completa dos usos da biografia e tudo o mais, mas acho que vocês entenderam.

Eu queria dizer algo sobre o movimento pelos direitos civis e como as vitórias que conquistamos nem sempre são aquelas pelas quais pensávamos lutar. Acho que não devemos nos arrepender dessas lutas. Foram, definitivamente, importantes. Mas, é claro, pensávamos estar mudando o mundo. Saindo do movimento pelos direitos civis e falando sobre os movimentos de libertação – o movimento de libertação negra, o movimento de libertação de pessoas *chicanas*, os movimentos dos povos indígenas –, nós realmente pensávamos que estávamos nos juntando ao impulso revolucionário que acontecia mundo afora. Havia Cuba, mas também os movimentos de libertação na África e na América Latina. Infelizmente, não foi o que fizemos. Muitas pessoas entre nós estávamos convencidas de que derrubaríamos o capitalismo, de que teríamos algum tipo de socialismo. Mas não fizemos isso.

Porém, isso não significa que nada mudou. Muita coisa mudou. Uma das coisas que aprendi é que as vitórias nunca ficam permanentemente inscritas na paisagem social. O sentido que elas têm em um momento histórico pode ser totalmente diferente, e até contrário, ao sentido que têm em outro momento. Devemos estar conscientes, em especial, de que a noção de direitos civis, ainda mais para mulheres e pessoas de minorias étnicas e raciais, foi redefinida de uma maneira que a esvazia de seu impacto coletivo e favorece uma interpretação individualizada, contrapondo os homens brancos, individualmente, a grupos e classes que sofreram discriminação histórica. (Ao nos conscientizarmos disso, precisamos nos lembrar de que os homens brancos são membros de uma classe que tem sido portadora de privilégio histórico, embora nem todos os homens brancos tenham sido privilegiados; houve e continua havendo muitos homens brancos pobres.) Mas isso não significa que a luta pela ação afirmativa tenha sido um erro, ainda que agora seja frequentemente descrita como discriminação reversa. E mesmo as pessoas que foram beneficiárias da ação afirmativa pensam que não merecem o que têm. Muitas delas têm até vergonha de admitir que receberam uma bolsa de estudos ou mesmo uma posição acadêmica por meio do programa de ação afirmativa. Vocês entendem?

Os sentidos sociais são sempre construídos socialmente, mas não podemos deixar que o Estado produza esses sentidos, pois somos sempre incitados a conceituar como mudança apenas o que afeta os indivíduos. Existe um individualismo perigoso que não é alheio ao individualismo possessivo do capitalismo. E esse individualismo está fadado a transformar as vitórias coletivas que conquistamos. Se imaginamos essas vitórias como comunitárias e elas forem transformadas em individuais, o que acontece é que buscamos exemplos heroicos, buscamos indivíduos. Há toda uma série de pessoas como Gonzales, Thomas e Rice. E o que acontece é que nos esquecemos das mudanças estruturais realmente pretendidas com essas lutas.

Concluirei lembrando a importância da imaginação e da memória histórica. Assim como já foi importante imaginar um mundo sem escravização – e muitas pessoas talvez tenham sido consideradas insanas por imaginar um mundo sem escravização ou um mundo sem segregação –, devemos nos desafiar a imaginar um mundo sem prisões. Durante minha infância em Birmingham, muitas pessoas davam como certa a segregação racial sem se desafiar a imaginar nossa sociedade sem segregação. Um passo necessário para conquistar mais liberdade e mais justiça é imaginar o mundo como queremos que seja, um mundo em que as mulheres não sejam consideradas inferiores aos homens, um mundo sem guerras, um mundo sem xenofobia, um mundo sem fronteiras cercadas projetadas para nos fazer pensar nas pessoas do México e da América Latina como estranhas e inimigas. É importante imaginar um mundo em que as concepções binárias de gênero não governem mais os modos de segregação ou associação e em que a violência seja eliminada das práticas estatais, bem como de nossa vida íntima, tanto nas relações heterossexuais quanto nas relações homoafetivas. E, é claro, é importante imaginar um mundo sem guerra.

Este é apenas o começo de um plano de ação bem longo para a transformação social. Se quisermos nos moldar hoje como agentes de mudança social, teremos de trabalhar muito, esforçando-nos pessoalmente, esforçando-nos uns com os outros, e tentar dar sentido ao que parece ser um mundo realmente desolador.

Acho que aprendemos a reagir ao sentimento de que o que estamos enfrentando é demais. É tentador dizer que ninguém pode fazer nada a respeito, apenas ignorar e ouvir música em nossos iPods. O que mais podemos fazer? Fazer compras, jogar videogame, ver televisão? Temos muitas opções quando se trata de modos de distração, mas quantas opções nos são apresentadas tão claramente quando se trata de nos engajarmos? Precisamos descobrir como formar comunidades. Eu amo música e escuto meu iPod o tempo todo, então não estou criticando ninguém, mas quero sentir que existe uma enorme comunidade de seres humanos que compartilham uma visão de futuro. Quero saber que nos comprometemos a considerar tudo o que aprendemos nas últimas décadas, a relação entre violência estatal e violência íntima. Então, permitam-me concluir agora com uma mensagem simples, um apelo. Por favor, engajem-se. Por favor, tentem fazer a diferença. Por favor, tentem mudar este país e o mundo.

O SENTIDO DA LIBERDADE

Metropolitan State College, Denver
15 de fevereiro de 2008

Como o tema desta conferência marca os duzentos anos da abolição do tráfico de pessoas escravizadas em 1808, decidi falar sobre o sentido da liberdade. O tema da conferência salienta os duzentos anos de liberdade. O que essa liberdade significou para as pessoas de ascendência africana? O que essa liberdade significou para o mundo negro? E qual tem sido a relação com comunidades que, embora diferentemente racializadas, mesmo assim sofrem sob os ciclos de opressão?

Presumo que bem poucas pessoas pensem sobre o fato de que a instituição da prisão afirmou seu lugar no centro da história negra, principalmente desde a abolição da escravatura. Esse tem sido um tema constante na vida coletiva da população negra deste país. Também tem sido um tema constante na vida coletiva da população *chicana*. E é um aspecto cada vez mais importante da vida de pessoas racialmente oprimidas na Europa, bem como na América Latina, e quando se olha para o continente africano, vê-se facilmente em que medida a instituição prisional de fato está começando a substituir instituições de educação e saúde.

Quando Carter G. Woodson propôs, em 1926, que a nação reservasse anualmente uma semana para a celebração da Semana da História Negra, ele estava confrontando uma cultura dominante que relegou quase completamente à margem as realizações negras, e era importante transmitir a mensagem de que éramos capazes de muito mais do que a sociedade supremacista branca atribuía às comunidades negras.

Então, é claro, meio século depois, a celebração foi ampliada para o mês todo. Fevereiro nos oferece uma espécie de microcosmo da história do mundo negro. Fevereiro é o mês, no que diz respeito aos Estados Unidos, em que a 15ª emenda autorizou o sufrágio masculino negro.

Fevereiro também é significativo para a história negra por muitos outros motivos. A Freedmen's Aid Society foi fundada em fevereiro. W. E. B. Du Bois nasceu em 23 de fevereiro de 1868; e foi em 23 de fevereiro de 1972 que eu fui libertada sob fiança. Mas foi também durante o mês de fevereiro que W. E. B. Du Bois convocou o primeiro Congresso Pan-Africano, em 1919, para exortar as pessoas de ascendência africana em todo o mundo a se unir para enfrentar o imperialismo europeu. Fevereiro também foi o mês em que a Conferência da Liderança Cristã do Sul, organização de Martin Luther King, foi estabelecida e que estudantes realizaram protestos ocupando balcões das lanchonetes de Greensboro, na Carolina do Norte. Isso aconteceu em fevereiro de 1960. Na verdade, poderíamos continuar a dar todo um panorama da história negra olhando para os principais fatos ocorridos em fevereiro.

O que eu gostaria de dizer agora é que o Mês da História Negra parece ter se tornado uma ocasião para gerar lucro. Se acessarem o site da Walmart – que é a maior corporação do mundo –, verão que ela incentiva a celebrar a história negra comprando seus produtos. A Walmart, como maior corporação do mundo, demonstra o impacto que o capitalismo global teve em nossa vida e nas condições do neoliberalismo sob o qual vivemos e pensamos. Através da ação da Walmart percebemos como o capitalismo se insinuou em nossos desejos, nossos sonhos e nossas formas de pensar em nós mesmos. Nós nos convertemos em mercadorias quando falamos sobre como vamos nos promover no mercado. Então, tenham isso em mente enquanto olhamos para o passado e analisamos alguns aspectos da história negra.

Na maioria das vezes celebramos o Mês da História Negra evocando uma série de narrativas sobre indivíduos negros que conseguiram superar as barreiras criadas pelo racismo do passado, ao passo que deveríamos ter uma concepção mais ampla do que significa celebrar os legados da história negra, e esses legados não devem limitar-se apenas a pessoas de ascendência africana. Estou pensando em alguém como Yuri Kochiyama, mulher nipo-estadunidense que durante a maior parte da vida – ela está com 82 anos agora – trabalhou no movimento pelos direitos civis, trabalhou para libertar pessoas encarceradas por motivos políticos. Ela estava com Malcolm X quando ele foi assassinado, e há uma foto em que ela embala a cabeça dele, que estava morrendo. Nem sempre incluímos Yuri Kochiyama em nossas celebrações do Mês da História Negra. Ou Elizabeth "Betita" Martínez, uma das ativistas mais incríveis do início do movimento pelos direitos civis.

Celebramos indivíduos, mas também evocamos as vitórias legislativas e judiciais que ajudaram a produzir um sujeito negro que supostamente goza de igualdade perante a lei. Por isso, é justificado celebrarmos a abolição do tráfico de pessoas escravizadas, em 1808, e também a 13ª emenda, que, acreditamos, aboliu a escravatura, e celebramos a Lei dos Direitos Civis, de 1964, que um dos candidatos insistiu que só poderia ser obra de um presidente, e a Lei de Direito ao Voto, de 1965. Muitos desses momentos legislativos foram tentativas de enfrentar e erradicar os vestígios da escravização.

Creio que todos nós, independentemente da origem racial ou étnica, sentimos certo alívio por não precisarmos mais lidar com o racismo e o machismo associados ao sistema escravista. Mas tratamos a história da escravização da mesma forma que tratamos a colonização genocida dos povos indígenas na América do Norte: como se não fossem tão importantes ou, pior, como se nunca tivessem realmente acontecido. Pensamos nelas como uma espécie de pesadelo. E, como muitas vezes acontece com pesadelos, tentamos não pensar a respeito, exceto em termos abstratos, supondo que assim eles acabam. Uma das incríveis contribuições de um grupo de escritoras negras, começando, digamos, nos anos 1980, foi pensar a escravização e imaginar as subjetividades das pessoas que foram escravizadas, impedindo que continuássemos pensando em categorias abstratas.

A instituição da prisão nos diz que o pesadelo da escravização continua a nos assombrar. Se realmente aprendermos a reconhecer as formas de racismo e machismo que estão no cerne estrutural do sistema prisional, teremos de elaborar uma ideia muito diferente sobre a condição da democracia nos Estados Unidos, em particular no que diz respeito a suas vitórias sobre o racismo e o machismo. Ouvimos o governo Bush constantemente evocar o movimento pelos direitos civis como uma realização da democracia dos Estados Unidos, da democracia estadunidense.

O tema deste encontro é como acabar com os ciclos de opressão. Gostaria de falar sobre isso fazendo a conexão entre a escravização e o sistema prisional contemporâneo. Em primeiro lugar, quero dizer que a emancipação que aguardava as pessoas escravizadas em 1863, pessoas cuja história sob a escravatura tinha sido principalmente uma história de luta pela liberdade, foi uma emancipação limitada. O alegre som da liberdade a que se refere W. E. B. Du Bois em *Black Reconstruction* teve de repelir as formas de privação de liberdade que se aferravam persistentemente à emancipação oferecida à população escravizada. O que significava ser uma pessoa ex-escravizada e livre? O que significava essa liberdade? Du Bois fala sobre as dimensões espetaculares dessa liberdade recém-descoberta, e houve dimensões espetaculares, porque o povo negro pela primeira vez teve liberdade para aprender, liberdade para tentar se educar, liberdade para fundar escolas, com os escassos recursos disponíveis, liberdade para, pela primeira vez, viajar. Mas, é claro, essa era uma liberdade mediada pelo gênero, porque eram principalmente homens negros que podiam aproveitar a liberdade de viajar.

As pessoas negras também obtiveram a liberdade de escolher parceiros sexuais, algo que podemos minimizar hoje, mas, considerando que havia muitas outras dimensões da liberdade que não estavam disponíveis para as pessoas escravizadas que foram "libertadas", essa liberdade sexual se tornou tão importante que foi o tema principal do primeiro estilo de música popular produzido após a escravatura: o *blues*.

A liberdade sexual torna-se, na época, uma metáfora para outros tipos de liberdade, para a liberdade política, para a liberdade econômica. Mas essas formas de liberdade estavam envoltas em não liberdade. Os escravizadores cuja atividade foi abolida pela Proclamação da Emancipação e depois pela emenda constitucional não se renderam tão facilmente às palavras. Parece-me bastante estranho que, ao longo das décadas, tenhamos considerado possível abolir a escravatura simplesmente por uma proclamação, algumas palavras, e por uma cláusula na Constituição, sendo que essa proclamação e essa emenda constitucional nunca detalharam o que se entendia por escravatura.

Portanto, nem sequer sabemos com clareza o que deveria ser abolido. Era a posse de pessoas escravizadas como bens móveis? Era tratar os seres humanos como propriedade? Os seres humanos ainda são comprados e vendidos e ainda são tratados como propriedade, incluindo pessoas como Shaquille O'Neal, que acabou de ser vendido, não é? Era o trabalho forçado? Sabemos que há muito trabalho forçado e, observando o tratamento dado a imigrantes sem documentos, vemos um modo de trabalho muito semelhante. Portanto, não creio que a Constituição dos Estados Unidos tenha sido bem-sucedida ao abolir o trabalho coercitivo. E quanto a toda a estrutura ideológica racista necessária para manter um povo inteiro escravizado? Foi abolida? Então, por que presumimos que a escravatura foi abolida?

A escravatura fazia parte da urdidura e da tessitura da vida estadunidense, especialmente no Sul, mas também no Norte. E as palavras por si sós não foram suficientes para fazê-la desaparecer. Se a escravatura foi declarada morta, foi, ao mesmo tempo, ressuscitada por meio de novas instituições, novas práticas, novas ideologias. Podemos pensar no modo como as instituições de punição serviram de receptáculos para as estruturas e as ideologias de escravização que foram traduzidas em termos de liberdade – escravização traduzida em termos de liberdade. O que essa produção de "liberdade" significou desde a aprovação da 13ª emenda? Tanto a prisão quanto o destino das pessoas antes escravizadas ficariam indissociavelmente ligados à luta pela democracia neste país. Por isso, quando falamos sobre a relação entre escravização e prisão, também estamos falando sobre a natureza da democracia ou o que há sob a rubrica de democracia neste país.

A prisão continua a refletir o fechamento das portas da democracia para grandes setores da população estadunidense. Podemos dizer que um dos principais aspectos da escravização era a morte social. O que também incluiu a morte civil. E significava que pessoas escravizadas não podiam participar da arena política nem da vida civil. Então, o que dizer hoje da privação do direito ao voto para pessoas que cometeram crimes? E do fato de que há 2,2 milhões de pessoas atrás das grades todos os dias? As estatísticas podem ser enganadoras. Muitos de nós conhecemos esse número, 2,2 milhões, mas isso reflete apenas uma pesquisa do censo: trata-se do número médio de pessoas que estão na prisão todos os dias. Se você olhar para o número de pessoas que entram e saem da prisão e do sistema penitenciário ao longo de um ano, serão aproximadamente 13 milhões de pessoas. Então, esse número é muito maior do que nos acostumamos a imaginar.

A grande maioria desses milhões de pessoas vem de comunidades de minorias étnicas e raciais. Isso tem a ver com a natureza cada vez mais restritiva e repressiva da sociedade estadunidense. Há uma maioria de pessoas negras presas em todo o país, mas, se você olhar para meu estado, Califórnia, a maioria da população é latina e *chicana*.

O RACISMO ESTRUTURAL DA PRISÃO

O interessante é que as pessoas não são mais condenadas por serem negras ou *chicanas*. Mas existem estruturas de racismo que tornam a questão da raça importante por determinar quem vai para a prisão, em especial quem vai para a prisão e quem vai para as universidades. Como podemos refletir sobre esse racismo estrutural? Qual é a relação entre o racismo estrutural do sistema escravista e o racismo que se inscreve nos processos que levam inevitavelmente ao encarceramento ou ao ensino superior?

O racismo estrutural da prisão também pode ser responsabilizado pela persistência do racismo no chamado mundo livre. Somos incitados a pensar a igualdade racial como produzida pela adoção de posturas de neutralidade racial, certo? Dizem que só precisamos deixar de enxergar a raça, que o racismo desaparecerá. Portanto, há um tipo de ignorância aprendida, pois podemos enxergar a raça, mas sabemos *que não devemos* enxergá-la. Há um tipo de repressão que muitas vezes produz essas muitas expressões explosivas de racismo. Lembro-me de Michael Richards dizendo: "Não sou racista. Nem sei de onde veio isso". É o que as pessoas dizem com uma frequência cada vez maior. Elas não conseguem entender como uma observação racista escapa de seus lábios. Há todo um reservatório psíquico de racismo neste país. O racismo está presente nas estruturas, está em nossa psique coletiva. Todos somos afetados por ele. Não estou falando apenas de pessoas brancas como condutoras do racismo. Estou falando de ideologias e lógicas que influenciam a maneira como todos nós nos relacionamos com o mundo.

As prisões, é claro, se alimentam das desigualdades de classe, das desigualdades raciais, das desigualdades de gênero. Elas produzem e reproduzem essas desigualdades, porque segregam e isolam os indivíduos que punem. As prisões ocultam as desigualdades que reproduzem. O perigo oculto de confiar no encarceramento como a principal solução para comportamentos que, muitas vezes, são subprodutos da pobreza é que a solução reproduz o problema que pretende resolver. Desse modo, podemos começar a compreender por que a população carcerária aumenta constantemente não apenas em números absolutos, mas também em termos proporcionais. Isso não tem relação com o aumento das estatísticas de crimes. À medida que a taxa de criminalidade diminui, as populações carcerárias aumentam.

Obviamente, as prisões reproduzem esses problemas porque os recursos quase sempre migram da educação, da habitação e da saúde para as chamadas instituições correcionais. Portanto, uma criação gera outra. A taxa de criminalidade caiu, mas a taxa de encarceramento aumentou. Nos Estados Unidos, é claro, uma sentença de prisão por crime é uma sentença de prisão perpétua, não importa de quantos anos seja a pena. É uma sentença de prisão perpétua devido ao que Marc Mauer chama de "consequências colaterais" – as consequências colaterais da prisão que levam à morte social, à privação do direito ao voto. Não teríamos precisado lidar com o governo Bush nos últimos sete anos não fosse o fato de que, devido à privação de direitos, mais de 600 mil pessoas não puderam votar na Flórida. Nas eleições de 2000, houve uma diferença de apenas 537 votos. Portanto, se uma pequena minoria dessas 600 mil pessoas pudesse votar, poderíamos ter seguido um curso histórico completamente diverso.

Se a prisão é apresentada como solução para problemas sociais, outras possibilidades se excluem. O governador Schwarzenegger, que governa o estado onde moro, mudou o nome do Departamento de Correções da Califórnia para Departamento de Reabilitação e Correções da Califórnia. Se queremos realmente a reabilitação, precisamos começar a falar sobre o fim do encarceramento. Como é possível reabilitar em condições de confinamento total? Como é possível reabilitar quando as pessoas não podem exercer suas liberdades? Na verdade, esse é o ponto principal da prisão como punição: ela priva você de direitos e liberdades. É por isso que a prisão é uma punição peculiarmente democrática. É a instituição democrática por excelência, porque fornece o oposto de tudo aquilo que constitui o conceito de democracia burguesa.

Em nossa sociedade, supõe-se que, se você é de determinada comunidade racializada, já teve algum contato com o sistema prisional. Um estudo interessante foi conduzido por um sociólogo que combinou duplas de pessoas negras e brancas que se candidataram a empregos. Algumas delas informavam que tiveram uma condenação criminal e outras não. O interessante foi que as pessoas brancas que tinham uma condenação criminal foram chamadas para novas entrevistas na mesma proporção que as pessoas negras que tinham as mesmas credenciais, mas não tinham antecedentes criminais. O que Marc Mauer faz é mostrar que, basicamente, os homens negros nascem com o estigma social equivalente a uma condenação criminal. Portanto, estamos falando de uma instituição que não afeta apenas as pessoas que mantém encarceradas; a prisão exerce influência sobre comunidades inteiras.

O problema não se limita aos homens negros. As mulheres constituem, e constituíram por algum tempo, a parcela da população encarcerada que mais cresce. E as mulheres de minorias étnicas e raciais, é claro, constituem o maior grupo de mulheres presas, aquele que mais cresce dentro de toda a população carcerária. Isso não é válido apenas para os Estados Unidos. É válido para o Canadá, é válido cada vez mais na Europa e também é válido em outros países.

Se olharmos para quem está na prisão e por que, fica evidente que raça e classe estão muito mais associadas à superlotação das instituições prisionais que à existência de crime. Depois que já estão há algum tempo na prisão, as pessoas são assombradas para sempre pela condição de prisioneiras. São assombradas para sempre pela morte civil. São excluídas para sempre de certos aspectos da participação democrática na sociedade. Essa é uma maneira de compreender por que pessoas negras e latinas são tão facilmente rotuladas de criminosas, tão facilmente identificadas como ameaças à lei e à ordem, e isso nos ajuda a entender por que as pessoas dessas comunidades costumam ver suas próprias irmãs e seus irmãos como criminosos, como os perigos e as ameaças. Um imigrante, por exemplo, é um bode expiatório. O imigrante sem documento é visto como o inimigo.

E há uma racialização da imigração. A imigração pós-colonial, pós-soviética e pós-socialista para este país envolve pessoas que chegam aqui vindas do mundo todo, especialmente da Rússia. Mas será que alguma vez pensamos em imigrantes sem documentos como de origem russa? Alguma vez racializamos imigrantes brancos? Dessa forma, começamos a compreender como a ideologia do racismo de fato contamina a própria lógica de nosso pensamento e nossas relações sociais.

Gostaria de falar um pouco sobre como esse processo de criminalização, principalmente no que diz respeito à população negra, está ancorado na escravização. E quero estabelecer uma relação entre a democracia que imaginamos ter agora e a democracia que foi oferecida à população afrodescendente após a escravatura. Mesmo durante a escravatura havia uma contradição na forma como se pensava na população negra. Temos a tendência de pensar que a escravatura significava que pessoas negras eram tratadas como propriedade, não é? Trata-se da posse de pessoas escravizadas como bens móveis. Mas as pessoas negras eram punidas, consideradas culpadas de crimes. Um bem móvel pode ser responsabilizado? Uma propriedade pode ser considerada culpada? Havia algo de errado nisso. De fato, pode-se dizer que, embora as pessoas negras não fossem reconhecidas como personalidades jurídicas na maioria dos sentidos do termo, quando cometiam um crime, eram responsabilizadas perante a lei e aí recebiam tal reconhecimento.

Essa afirmação negativa da personalidade jurídica da pessoa negra prevalece até hoje. Pode-se dizer que a prova da participação das pessoas negras na democracia estadunidense é justamente o fato de terem recebido o devido processo legal antes de serem condenadas de forma tão desproporcional à prisão. É justamente por se apresentarem perante a lei como sujeitos iguais que recebem o devido processo legal, justamente por serem consideradas responsáveis ou culpadas – isso faz sentido? É pela culpa que elas participam do processo democrático. Esse fato reflete a contradição da escravização e, acredito, indica uma das maneiras como a escravização continua a nos assombrar.

Antes de concluir minha fala, tenho de dizer algo sobre a globalização corporativa neoliberal. Tenho de dizer que a globalização corporativa neoliberal se tornou a maior ameaça à democracia no mundo. Mas o problema é que o capitalismo se apresenta como sinônimo de democracia. É disso que George Bush está falando quando clama pela defesa da democracia contra o terror. Essa é a democracia que as Forças Armadas dos Estados Unidos lutam para proteger em lugares como Iraque e Afeganistão. Não é a democracia, é o capitalismo, ou é uma democracia que usa o capitalismo como modelo, que vê o livre mercado como paradigma da liberdade e vê a competição como paradigma da liberdade.

As corporações estão ligadas à comercialização global do encarceramento. Elas obtêm lucros enormes com esse setor – prisões à custa de moradia, saúde, educação e outros serviços sociais. Na verdade, a concepção neoliberal de liberdade econômica exige que o governo se retire de praticamente todos os serviços sociais. O mercado deve determinar tudo. A liberdade surge porque o mercado determinará a distribuição da educação, a distribuição dos serviços de saúde. E de acordo com pessoas como os Chicago Boys e Milton Friedman, a liberdade encontrará seu equilíbrio. Acho que eles ainda acreditam que, graças à "mão invisível" de Adam Smith, de uma forma ou de outra a liberdade se revelará.

Mas quando olhamos para países do Sul Global – um país como a África do Sul, que ainda é, suponho, nossa esperança de um país não racista e não machista e de uma sociedade não homofóbica –, vemos em que medida foram devastados pelo rolo compressor da privatização. Vemos que estão enfrentando enormes problemas precisamente como resultado da privatização, que é exigida pelo Fundo Monetário Internacional e outras organizações financeiras internacionais como medida a ser adotada pelos países que desejam obter empréstimos internacionais. É assustador.

Vemos esse tipo de ajuste estrutural acontecer aqui. É por isso que enfrentamos a atual crise dos serviços de saúde e é também por isso que a saúde foi totalmente privatizada desde a década de 1980. Houve uma tentativa de privatizar por completo o sistema prisional. Funcionou em alguns lugares, não em outros. Mas vemos as corporações privadas entrarem sutilmente no sistema prisional em todo o país.

Eu me pergunto por que não consideramos vergonhoso que seja possível hoje visitar países do Sul Global e descobrir que, embora seus sistemas educacionais e subsídios de moradia e empregos tenham se deteriorado ao longo do último quarto de século sob o impacto da globalização, muitas vezes se pode encontrar uma prisão nova em folha, a ponto de levar uma pessoa a acreditar que foi teletransportada de volta para o Colorado ou a Califórnia. É claro que usamos o termo "complexo industrial-prisional" para apontar que existe essa proliferação global de prisões, prisioneiros e prisioneiras que está mais claramente ligada a estruturas e ideologias econômicas e políticas do que à conduta criminosa individual e aos esforços para coibir o crime.

Eu queria dizer algumas palavras sobre o complexo industrial-prisional, que tem esse lugar cada vez mais privilegiado na economia global, e sobre a maneira como ele serve para apoiar a persistência do racismo, mas também sobre como se tornou um aparato de gênero. Acho que não pensamos no fato de que existem prisões para homens e prisões para mulheres. E quanto às pessoas gênero-dissidentes? Pois imagino que aprendemos com o tempo que existem mais de dois gêneros. Então, o que acontece com as pessoas gênero-dissidentes? Para onde vão? Para onde uma mulher transgênero é enviada ou um homem transgênero é enviado ou alguém que não necessariamente se identifica como homem ou mulher? É claro que as prisões se baseiam nas velhas noções da biologia, que a biologia tem as respostas para tudo, e assim são inspecionados os genitais das pessoas. É com base na genitália que elas têm o gênero determinado e são enviadas para determinadas prisões.

Então, é óbvio que há problemas de violência. As pessoas costumam argumentar que, se uma mulher transgênero for colocada em prisões masculinas por ter genitália masculina, ela estará sujeita a estupro – porque achamos que sabemos que estupro é algo que homens detentos começam a cometer quando vão para a prisão. Não nos perguntamos por que, de onde vem isso? Não nos perguntamos até que ponto a própria instituição promove essa violência, precisa dessa violência, gera essa violência sexual para que o sistema funcione. Vimos acontecer em Abu Ghraib, vimos acontecer em Guantánamo e expressamos grande espanto – não é assim que os Estados Unidos devem atuar. No entanto, se olharmos para o que acontece diariamente nas prisões internas do país, veremos coerção e violência semelhantes.

É claro que as mulheres foram especialmente prejudicadas por esses processos. O complexo industrial-prisional absorveu um número desproporcional de mulheres do Sul Global e mulheres indígenas. Se for para a Austrália, quem você imagina que encontrará em números desproporcionais nas prisões locais, especialmente nas prisões femininas?

O complexo industrial-prisional tornou-se tão grande e poderoso que trabalha para se perpetuar. Trata-se de uma autoperpetuação. As matérias-primas são a juventude imigrante e a juventude de minorias étnicas e raciais em todo o mundo. Então, quem visita uma prisão na Austrália, na França, na Holanda, na Itália ou na Suécia vê jovens que vêm de comunidades que nós nos Estados Unidos designamos como comunidades de minorias étnicas e raciais e de povos originários. A raça continua muito relevante hoje, no mundo todo.

Eis algo que os Estados Unidos ofereceram: maneira de administrar os problemas sociais recusando-se a enfrentá-los. Em vez de resolver problemas, o sistema coloca as pessoas atrás das grades. Não podemos negar que há pessoas na prisão que fizeram coisas horríveis, dolorosas. Mas elas não são a maioria da população carcerária. E há muitas pessoas livres no mundo que fizeram coisas horríveis e dolorosas. Há diversas razões pelas quais as pessoas se envolvem em violência, às vezes por maldade, às vezes por transtornos mentais, às vezes por autodefesa. Muitas mulheres que estão na prisão por cometer atos violentos mataram por desespero, para se livrar de um relacionamento íntimo violento. Independentemente do motivo pelo qual alguém foi condenado, faz sentido abrigar centenas, às vezes milhares de pessoas juntas, ou em celas de isolamento, privá-las do contato com a família, privá-las de educação e depois supor que isso vai possibilitar sua reabilitação e ajudá-las a ser integrantes saudáveis da sociedade?

Eu gostaria de terminar com perguntas. Como imaginamos e lutamos por uma democracia que não produza formas de terror, que não produza guerra, que não precise de inimigos para se sustentar? Apontar as pessoas que estão na prisão como inimigas é uma das maneiras de nos definirmos como livres – olhando para nossos opostos. Como imaginamos uma democracia que não se alimente desse racismo, que não se alimente da homofobia, que não se baseie nos direitos das corporações capitalistas de saquear os ambientes econômicos, sociais e físicos do mundo?

Sugiro que usemos nossa imaginação para tentar chegar a versões de democracia em que, por exemplo, a prática do Islã não sirva de pretexto para encarceramento em um centro de detenção de imigrantes ou em uma prisão militar; em que a tortura e a coerção sexual não sejam consideradas tratamentos apropriados. Precisamos usar nossa imaginação para vislumbrar versões de democracia que possibilitem muitas coisas: o direito a um emprego adequado e satisfatório com um salário digno; o direito à educação de qualidade; o direito de viver em um mundo em que a educação não seja mercadoria, e sim uma disciplina criativa que nos permita compreender todos os mundos que habitamos, humanos e não humanos, o tipo de educação que nos faça transcender os limites do patriotismo nacionalista para nos imaginarmos como cidadãos e cidadãs do globo.

PERGUNTA DO PÚBLICO

Qual é sua opinião sobre a eleição presidencial e Obama?
Não sou democrata e nunca fui filiada a nenhum dos dois principais partidos. Fui filiada ao Partido Comunista, fui filiada ao Partido Paz e Liberdade e agora sou filiada ao Partido Verde. Durante as primárias, votei em Cynthia McKinney, porque sou membra do Partido Verde. Achei muito curioso que os meios de comunicação tenham ignorado completamente a cobertura dos partidos independentes, eles ignoram partidos políticos, exceto o Republicano e o Democrata.

O que eu acho das eleições? Acho que é absolutamente incrível que haja tanto interesse. É um momento realmente emocionante neste país; é emocionante ver a juventude – que foi descrita como apática – envolver-se profundamente. Somos gerações de eleitores apáticos, é o que nos dizem. Chegamos a descobrir que as pessoas estavam apáticas porque não havia ninguém interessante em quem votar ou apoiar.

Mas sou sempre muito cautelosa quando se trata de política eleitoral. Acho que, em especial neste país, temos a tendência de investir nosso próprio poder coletivo em indivíduos. Temos o que chamo, às vezes, de complexo de messias. É por isso que, quando pensamos no movimento pelos direitos civis, pensamos em Martin Luther King. Não podemos imaginar que esse movimento possa ter sido criado por um grande número de pessoas cujos nomes nem conhecemos. Não conseguimos imaginar isso.

Costumo enfatizar que o boicote aos ônibus de Montgomery, que para muitas pessoas foi um momento decisivo do movimento pelos direitos civis, não teria sido possível sem as trabalhadoras domésticas negras. Essas são as pessoas em quem nunca pensamos. Elas são totalmente invisíveis, invisíveis na história, mas são as mulheres que se recusaram a viajar de ônibus. As pessoas negras que estavam no ônibus porque estavam indo de comunidades negras para comunidades brancas, porque estavam limpando as casas de pessoas brancas e cozinhando sua comida e lavando suas roupas. Mas não conseguimos imaginá-las como agentes da história que nos deram esse incrível movimento pelos direitos civis.

Tudo isso para dizer que esse entusiasmo, esse entusiasmo incrível que foi produzido nos últimos tempos e que foi chamado de movimento – e Obama referiu-se especificamente ao que está acontecendo em torno de sua campanha como um movimento –, para ser um movimento, deve exigir muito mais que a eleição de um único indivíduo, não importa o que ele possa representar. Em certo sentido, acredito que Obama é uma tela na qual muitos de nós pintamos nossos desejos, nossos sonhos e nossas esperanças. Isso pode ser bom se compreendermos que é o que estamos fazendo, e se entendermos que fazer isso não basta, e se entendermos que, mesmo que ele seja eleito, ou que Hillary seja eleita, se qualquer um dos dois for eleito, temos que continuar pressionando, sem esperar que eles façam todo o trabalho que deveríamos fazer por nós mesmos.

JUSTIÇA PARA AS COMUNIDADES LÉSBICA, GAY, BISSEXUAL E TRANSGÊNERO

Midwest Bisexual Lesbian Gay Transgender Ally College Conference
Universidade de Illinois, Urbana-Champaign
24 de fevereiro de 2008

Agradeço à organização da Midwest Bisexual Lesbian Gay Transgender Ally College Conference por me convidar para dar a palestra de encerramento.

Cheguei ontem a tempo de me encontrar com alguns membros da organização – Oliver, o presidente do evento; Sara Clemons, que me apresentou; e Treva. Já encontrei pessoas da Grinnell College nos elevadores, por exemplo. Também assisti ao show de Las Krudas, e eu era claramente a pessoa mais velha lá.

Compreendo que o tema de sua conferência deste ano seja "Votar pela mudança: liberdade e justiça para todos". Dado o debate no contexto da atual campanha eleitoral sobre o sentido de mudança após oito anos do governo Bush, é um tema bastante apropriado.

Mas temo que os últimos sete anos e meio tenham nos atordoado tanto que mesmo mudanças relativamente imperceptíveis pareçam ter enormes consequências. Não vamos nos subestimar. Ouvi muitos comentários sobre a inteligência das pessoas que são candidatas em ambos os partidos. Não que não sejam todas inteligentes, e sem menosprezar nenhuma dessas pessoas, mas, para dizer a verdade, comparada a George W. Bush praticamente qualquer pessoa parece "muito inteligente".

Enquanto enfrentamos todos os problemas em nossa vida e no mundo – da chamada guerra global contra o terror às muitas manifestações de racismo, sutis ou violentas, aos ataques às comunidades lésbica, gay, bissexual e transgênero, aos ataques ao nosso direito à educação; e à privação de serviços de saúde para um número cada vez maior de pessoas –, enquanto reconhecemos todos esses problemas, precisamos de esperança, precisamos de imaginação, precisamos de comunidades de luta, precisamos perceber que a mudança é realmente possível.

Como sabemos que a mudança é possível? É possível porque, por mais horríveis que as coisas possam parecer hoje, vivemos em um mundo que foi moldado pela mudança. Por mais difíceis que sejam as condições para as pessoas empobrecidas de minorias étnicas e raciais neste país, certamente seriam piores se as pessoas comuns não tivessem aprendido a se identificar com as comunidades de luta, não tivessem aprendido a imaginar um mundo diferente e melhor.

Por mais difíceis que sejam as condições para a juventude lésbica, gay, bissexual e transgênero – e às vezes a identificação sexual ou de gênero de alguém pode ser uma questão de vida ou morte –, ainda assim, nos últimos trinta a quarenta anos, perseverantes ativistas pelos direitos LGBTQIA+ nos levaram na direção de um mundo melhor.

A questão é que as pessoas se organizaram massiva e coletivamente para a mudança, e o mundo em que vivemos hoje, por mais que ainda restem problemas, é o resultado desses movimentos.

Penso em meu próprio passado como ativista e em meu envolvimento com comunidades de jovens que acreditavam mesmo que poderíamos acabar com a guerra e o racismo. Às vezes me pergunto se nós que lutamos com tanta urgência pela paz, pela justiça e por mundos melhores poderíamos ter previsto que quatro décadas depois enfrentaríamos uma máquina de guerra ainda mais feroz. Será que poderíamos ter previsto a globalização da pobreza e do racismo com a qual convivemos agora? Será que poderíamos ter previsto a transmutação das retóricas e das violências do anticomunismo em guerra global sob o pretexto de derrotar o terrorismo?

Será que poderíamos ter previsto o surgimento de um neoconservadorismo violento que se alimenta de supremacia branca, patriarcado, xenofobia, islamofobia e heteronormatividade? Provavelmente não. Mas uma coisa é certa: se as lutas do passado não tivessem emergido, se exteriorizado, cometido desobediência civil, batalhado e exercido sua influência para remodelar as relações humanas, nosso mundo estaria mais empobrecido material e espiritualmente, e com certeza não seríamos capazes de prosseguir hoje. Movimentos estudantis, movimentos pelos direitos civis, movimentos antiguerra, movimentos de mulheres, movimentos de gays e lésbicas, movimentos de solidariedade às lutas de libertação nacional na África, na Ásia, no Oriente Médio, na América Latina, todos contribuíram imensamente para tornar nosso mundo mais justo.

Por mais desanimadoras que nossas circunstâncias contemporâneas possam parecer, vamos todos reconhecer que as coisas poderiam ter ficado muito piores do que estão. Além disso, não fossem todas as lutas de massa do passado, talvez nem tivéssemos a força da imaginação para apreender que nossa ação coletiva pode de fato trazer mudanças radicais. E vejo a geração de vocês erguendo uma nova bandeira e nos fazendo avançar.

Estamos vivendo em um mundo que não precisava ter chegado a isso. A guerra no Iraque não precisava ter acontecido. George Bush não precisava ter sido eleito – *ele não foi eleito!*

Como seria o mundo hoje, quais seriam as perspectivas para a democracia, se ex-prisioneiros e ex-prisioneiras tivessem o direito de votar nas eleições de 2000?

O voto é um direito civil importante. Mas temo que, se nossa energia política progressista estiver tão estreitamente focada nas eleições, talvez nos esqueçamos de que existem outras formas de intervenção política coletiva. Portanto, embora precisemos acelerar nosso envolvimento no processo de votação – e podemos, de fato, votar pela mudança –, votar pela mudança é apenas o começo. A participação nas eleições em todos os níveis precisa ser complementada pelo envolvimento contínuo nos movimentos sociais; pelo foco não apenas em questões específicas da comunidade LGBTQIA+, mas no ativismo antirracista e antissexista, nos direitos de imigrantes, no ativismo antiguerra, nos direitos da população carcerária, no posicionamento contra as privatizações, a favor dos direitos trabalhistas, a favor da justiça ambiental etc., e também pelo aprendizado de como reconhecer e formular as conexões profundas entre todas essas questões.

Portanto, o voto pela mudança deve ser complementado pela defesa e a organização da mudança – por uma mudança radical.

Não quero dar a entender que subestimo o poder do voto, especialmente porque as estratégias legislativas têm sido fundamentais para a busca de justiça para as comunidades LGBTQIA+. No entanto, mesmo que precisemos desesperadamente dessas soluções e seguranças que podem ser garantidas por lei, não podemos depender apenas da lei como solução para o problema da homofobia.

Em Oxnard, Califórnia, há pouco menos de duas semanas, um garoto de quinze anos chamado Lawrence King foi morto por um colega de classe depois de se assumir publicamente em sua escola secundária. Ele foi intimidado por um grupo de meninos depois que começou a usar sapatos de salto alto e batom na escola. O rapaz que o matou tinha apenas catorze anos. Aparentemente, ele entrou no laboratório de informática da escola, onde Lawrence King estava estudando, e o atingiu com um tiro na cabeça.

Essa tragédia tem muitas dimensões além da morte horrível e desnecessária de Lawrence. De acordo com o jornal *The New York Times*, ele morava em um lar social para crianças adotivas abusadas.

O garoto de catorze anos que o matou será julgado como adulto – como se possuísse a capacidade individual de decidir por si mesmo que pessoas homossexuais e transgênero são tão repulsivas que não merecem viver. De onde ele tirou essa ideia?

A atribuição de culpa absoluta ao indivíduo neste caso segue a mesma lógica que permitiu que o governo dos Estados Unidos e suas Forças Armadas transferissem a responsabilidade pelas horríveis torturas sexuais cometidas em Abu Ghraib para alguns indivíduos, "algumas maçãs podres".

No caso de Lawrence King, o assassino será julgado por um crime de ódio e, se for condenado, terá uma pena de 52 anos a prisão perpétua. Esse menino será o bode expiatório de uma sociedade heteronormativa e de um governo profundamente homofóbico, e a homofobia vai continuar.

Além disso, se contarmos com o sistema prisional para resolver o problema da homofobia, estamos contando com um sistema que é cúmplice do processo que tornou a homofobia socialmente aceitável.

Se confiarmos na instituição prisional como a principal forma de abordar os problemas sociais que levam as pessoas à prisão, esses problemas continuarão se desenvolvendo e sendo reproduzidos pela prisão. A prisão é um dos maiores aparatos institucionais de gênero da sociedade, ela incentiva e se apoia na homofobia.

Compreendo que o nome de Martin Luther King tenha sido evocado em várias ocasiões durante esta conferência. Este é o Mês da História Negra. Preocupa-me que nossa memória histórica popular tenha se tornado tão superficial que o nome de Martin Luther King tenha passado a representar uma história que é muito mais complexa que o sonho dele. A popularização de Martin Luther King contribuiu ainda mais para a amnésia histórica deste país.

Um dos conselheiros mais confiáveis de Martin Luther King, o homem que apresentou a ele o conceito gandhiano de resistência não violenta, o homem que foi um dos principais organizadores da Marcha sobre Washington, de 1963, foi Bayard Rustin, um homem negro que era abertamente gay antes do surgimento do movimento de libertação gay. Bayard Rustin também tinha sido membro do Partido Comunista.

Rustin foi chamado pelo senador Strom Thurmond de "comunista, homossexual que escapou do serviço militar". Embora dr. King fosse consistente e íntegro em seu apoio a Bayard Rustin, outros líderes, incluindo Roy Wilkins, na época presidente da NAACP, se recusaram a permitir que Rustin recebesse o reconhecimento pelo trabalho que realizou na organização daquela que continua sendo a manifestação histórica mais conhecida em Washington: a marcha em que dr. King fez seu discurso "Eu tenho um sonho".

Dois anos depois, em março de 1965, dr. King publicou um artigo na *New York Times Magazine* sob o título "Direito civil #1: o direito ao voto". No dia seguinte, o presidente Lyndon Johnson fez um discurso sobre a Lei dos Direitos de Voto, que foi aprovada em 6 de agosto.

Esse deve ser um dos momentos a que Hillary Clinton se referia quando disse que era preciso um presidente para realizar os ideais de dr. King.

Em primeiro lugar, o movimento pelos direitos civis era muito mais que um único líder. Milhares e milhares de pessoas anônimas aprenderam a imaginar um mundo radicalmente transformado. King deu expressão a suas aspirações, e pessoas como Bayard Rustin ajudaram a traduzir essas aspirações em um movimento. Esta é a história que foi apagada pela redução do movimento pelos direitos civis a um nome: Martin Luther King.

Talvez Hillary Clinton estivesse implicitamente comparando Obama a dr. King; é claro que ele ouviu com muita atenção os discursos de King, e ela, os de Johnson.

Por que nenhum dos partidos políticos se dedicou a discutir o estado contemporâneo dos direitos civis? Será que algum deles insistirá na inclusão de pessoas transgênero?

Há uma ligação direta entre as lutas históricas pelos direitos civis da população de origem africana deste país e as lutas contemporâneas pelos direitos civis das comunidades LGBTQIA+. Isso significa que precisamos falar contra os esforços de lideranças evangélicas negras que se recusam a reconhecer as conexões entre as lutas históricas pelos direitos civis da população negra e as lutas atuais pelos direitos civis das comunidades LGBTQIA+.

Se levarmos os direitos civis a sério, não podemos argumentar que o movimento pelos direitos civis acabou, que esta é a era pós-direitos civis ou a era pós-raça. Inúmeras pessoas não podem exercer seus direitos civis e estão exiladas à margem da política. As comunidades LGBTQIA+ não gozam da proteção total dos direitos civis. As comunidades de imigrantes, especialmente imigrantes sem documentos, têm a proteção dos direitos civis negada. Milhões de pessoas prisioneiras e ex-prisioneiras têm seus direitos civis negados.

Exceto no Maine e em Vermont, pessoas em prisões não podem votar. Em muitos estados, pessoas que foram prisioneiras não podem votar. A privação do direito ao voto para quem cometeu crimes é uma das principais causas de Bush ter saído vitorioso nas eleições de 2000.

Não quero subestimar a importância dos direitos civis, os direitos de cidadania. Mas, neste país, os direitos de cidadania são construídos de forma muito estreita e formalista. Nos Estados Unidos, os direitos tendem a ser separados do acesso aos recursos de que podemos precisar para tirar proveito desses direitos. O direito de ser livre de discriminação no emprego – que ainda não é garantido para as comunidades LGBTQIA+ – foi, para início de conversa, desvinculado do direito ao emprego. Há discriminação no acesso a moradia, mas não o direito a moradia acessível. Há serviços de saúde, mas não o direito a serviços de saúde gratuitos. Há educação, mas não o direito a educação gratuita.

Quatro décadas atrás, um debate se desenvolveu entre Martin Luther King e Malcolm X em torno das questões de direitos civis e direitos humanos. Uma situação legal grotesca emergiu durante a luta pelos direitos civis: ativistas dos direitos civis foram assassinados, mas os estados do Sul se recusaram a processar os assassinos. O único caminho para a acusação foi a lei federal dos direitos civis.

Quarenta anos atrás, Malcolm argumentou que expandimos nossa perspectiva dos direitos civis para os direitos humanos. Mas ainda não desenvolvemos um discurso que nos permita identificar e construir movimentos contra as extensas violações de direitos humanos cometidas neste país. Assim, a tortura não é uma violação dos direitos humanos; o assassinato de Lawrence King não é uma violação dos direitos humanos.

Agora quero examinar brevemente duas das questões de direitos civis mais evidentes que mobilizaram as comunidades LGBTQIA+ e pessoas aliadas. A primeira é o caso do casamento igualitário, e a segunda é o caso da igualdade nas Forças Armadas.

Ao refletir sobre o argumento formal em relação à igualdade de gênero e sexual nas Forças Armadas, devemos nos perguntar por que tendemos a confiar na lógica abstrata – igualdade como acesso igual, acesso igual de pessoas de minorias étnicas e raciais às forças armadas, acesso igual de mulheres ao combate, acesso igual de gays e lésbicas às Forças Armadas.

Eu jamais sugeriria que essas lutas em torno da igualdade formal não são importantes, mas tão importante quanto é considerar aquilo a que grupos sub-representados reivindicam acesso. Eu pensaria que tais reivindicações "democráticas" também teriam de considerar a natureza profundamente antidemocrática da instituição. A igualdade seria mais bem servida pelo direito igual de recusar o serviço militar – para homens brancos, mulheres brancas, mulheres e homens de minorias étnicas e raciais, gays e lésbicas de todas as origens raciais e étnicas.

Os debates em torno do casamento gay exigem uma abordagem mais complexa. As estruturas da heteronormatividade e as várias violências que tais estruturas e discursos acarretam não necessariamente desaparecem quando a sexualidade dos participantes é alterada. Não estou sugerindo que não reivindiquemos o direito de gays e lésbicas de engajar-se nessa prática, mas também temos de refletir sobre a instituição em si. É uma instituição econômica. Trata-se de propriedade. Não se trata de relações humanas nem de relações íntimas.

O que significa reivindicar o direito ao casamento igualitário sem reconhecer o papel que o casamento desempenhou na reprodução das desigualdades de raça e gênero? Sob as condições da democracia burguesa, o casamento sempre foi uma instituição machista, racista e heteronormativa que trata principalmente da acumulação e da distribuição da propriedade.

As pessoas escravizadas não tinham permissão para se casar, e, quando surgiram arranjos familiares que não correspondiam à família nuclear, foram produzidas ideologias racistas complexas que consolidaram ainda mais as hierarquias do racismo. Vivemos hoje com essas ideologias. Durante a campanha de George Bush a favor do casamento igualitário, problemas estruturais profundos relacionados ao racismo foram atribuídos ao pai ausente. Como se tudo o que as mães solo precisassem fazer fosse casar-se e assim transcenderiam as condições de pobreza em que estavam. E elas deveriam se casar com um homem, ainda que esse homem estivesse desempregado.

Mesmo dentro das comunidades LGBTQIA+, descobrimos a influência de ideologias racistas venenosas.

Trago o exemplo do trabalho da Fairness Campaign em Louisville, Kentucky. A Fairness Campaign descreve seus valores centrais da seguinte forma:

1. Acreditamos que gays, lésbicas, bissexuais e transgênero têm direito ao respeito, à dignidade e à plena igualdade.
2. Acreditamos que o desmantelamento do racismo é central em nosso trabalho.

3. Acreditamos que todas as questões de opressão estão interligadas e só podem ser abordadas trabalhando em coalizão.
4. Acreditamos na organização de base não violenta que empodera indivíduos e constrói um movimento social que cria mudanças duradouras.

Assim, o grupo se manifestou publicamente contra a atuação de um homem branco gay durante o último Derby em uma boate local. O homem, Chuck Knipp, pintou o rosto de preto e vestiu roupas femininas, caracterizando-se como uma personagem a quem chamou de Shirley Q. Liquor, uma mãe negra beneficiária de auxílio social com dezenove filhos cujos nomes eram marcas de licor de malte e doenças venéreas. Acontece que os apoiadores da Fairness foram criticados por algumas pessoas por não serem "gays" o suficiente. Afinal, era tudo brincadeira.

Se Don Imus, Michael Richards e Kelly Tilghman são criticados publicamente por seus comentários racistas, então não deveria haver uma resistência ainda mais apaixonada a tal humor racista quando ele acontece sob a capa da cultura popular gay?

Há muito mais a dizer, mas pensei em concluir compartilhando com vocês um poema intitulado "Aonde você vai para tornar-se uma não cidadã?", bastante popular em círculos *queer* de minorias étnicas e raciais na década de 1980 na área da baía de São Francisco. Foi escrito pela poeta negra, feminista e lésbica Pat Parker, que morreu em 1989, e está em sua antologia *Movement in Black**.

Como a maioria aqui não era nascida quando ela escreveu esse poema, vocês provavelmente não compreenderão as referências históricas. Mas isso não significa que ela e sua abordagem feminista, interseccional e transversal não devam fazer parte da memória histórica de vocês.

O poema de Pat Parker guarda misteriosas ressonâncias com o período contemporâneo. Estou pensando na pergunta da poeta: "Aonde você vai para tornar-se uma não cidadã?" – uma pergunta que hoje fala de solidariedade com pessoas sem documentos. Estou pensando nas referências que ela faz a Taft College e Carmel, que hoje evoca os Jena Six; e estou pensando nas New Jersey Four. Se ainda estivesse viva, Pat garantiria que todos entendessem as conexões entre o ataque racista aos Jena Six, o ataque racista/heteronormativo às jovens

---

* Pat Parker, *Movement in Black: The Collected Poetry of Pat Parker, 1961-1978* (Baltimore, Diana, 1978). (N. E.)

lésbicas negras que tentaram se proteger no Greenwich Village de Nova York e o assassinato homofóbico de Lawrence King.

AONDE VOCÊ VAI PARA TORNAR-SE UMA NÃO CIDADÃ?

Quero me demitir; quero cair fora.
Quero marchar ao lugar vizinho
Entregar minha carta a um rosto risonho
Quero me demitir; quero cair fora.

O presidente Ford vetou a lei do emprego
Enviada a ele da colina da capital
Enquanto ficamos aqui, sendo superlegais
Ele ganha uma piscina de US$ 60 mil
Quero me demitir; quero cair fora.

US$ 68 mil para a rainha Elizabeth não lavrar algodão
Mesmo assim, nem um pio sobre essa mentira podre
US$ 14 mil para a Ford Motors não plantar trigo
Acho que o governo não quer trigo nos assentos
Quero me demitir; quero cair fora.

A Comissão da CIA ficou em sessão por 26 semanas
Disse que os garotos não fizeram muita maldade
Distribuíram ácido – um teste – é o que dizem
Mas se você e eu usássemos, estaríamos na prisão
Quero me demitir; quero cair fora.

E na Taft College – um grupelho de tolos
Expulsou todos os alunos negros da escola
E cidadãos de bem preocupados em vender imóveis
Expulsaram adolescentes negros da pitoresca Carmel
Quero me demitir; quero cair fora.

A liga infantil, depois de todas as desculpas
Diz que a menina de dez anos deve usar protetor genital
No México, o Congresso Internacional das Mulheres
Elegeu como presidente – um homem branco liberal
Quero me demitir; quero cair fora.

A associação de psicologia disse, enfim, que os gays não são todos doentes
Mas não há reembolso para seus custos psiquiátricos

Um juiz federal diz que a MCC* é válida – é verdade
Mas isso não impedirá que os porcos machuquem você ou a mim
Quero me demitir; quero cair fora.

Quero me demitir; quero cair fora.
Por favor, leve-me para o lugar
Mostre-me o rosto risonho
Sou cética – cheia de dúvidas
Quero me demitir; quero cair fora.

---

* Metropolitan Community Church, igreja evangélica fundada em 1968 em Los Angeles professando o acolhimento à comunidade LGBTQIA+ cristã. (N. T.)

10
RECONHECER O RACISMO NA ERA DO NEOLIBERALISMO

Discurso da vice-reitoria sobre a eliminação da discriminação racial
Universidade de Murdoch, Perth, Austrália ocidental
18 de março de 2008

Em 21 de março de 1960, a polícia sul-africana matou 69 participantes de uma manifestação pacífica no município de Sharpeville. Sinto-me honrada por ter sido convidada a proferir o discurso da vice-reitoria no Dia Internacional para a Eliminação da Discriminação Racial, que homenageia as vítimas de Sharpeville. Estou particularmente honrada por estar aqui na Austrália após o primeiro pedido de desculpas de um chefe de Estado aos povos originários deste país e gostaria de agradecer aos proprietários tradicionais desta terra.

Em 1º de fevereiro de 1960, menos de dois meses antes do massacre de Sharpeville, na África do Sul, na cidade estadunidense de Greensboro, Carolina do Norte, estudantes da comunidade negra sentaram-se no balcão de uma lanchonete Woolworth's. Tradicionalmente, as pessoas negras só eram atendidas se permanecessem em pé. Essa manifestação se tornou um catalisador para um momento importante do movimento pelos direitos civis nos Estados Unidos. Como negra nos Estados Unidos, lembro-me vividamente daquele dia; cresci em Birmingham, Alabama, que na década de 1950 era conhecida como a cidade mais racialmente segregada em nosso país. Eu tinha me levantado muitas vezes do balcão da Woolworth's na cidade, vivenciando a humilhação de ser tratada como não suficientemente humana para poder me sentar e comer um sanduíche.

Quando criança, descobri o *apartheid* sul-africano quando soube que Birmingham, Alabama, minha cidade natal, era conhecida como a Johanesburgo do Sul. De fato, o regime de supremacia branca que influenciou todos os aspectos de nossa vida baseava-se, assim como o *apartheid* sul-africano, na noção de que a ordem social exigia separação racial absoluta e estruturação hierárquica de encontros raciais sempre que ocorressem.

Uma exigência fundamental de minha educação infantil foi aprender a linguagem do racismo, explicitada em placas colocadas acima dos bebedouros, nos banheiros, dentro dos ônibus, nos vestiários. Aprender a ler e escrever envolveu, portanto, a aquisição de uma ampla familiaridade com os protocolos do racismo durante a era anterior aos direitos civis. Isso foi, em parte, possibilitado pelo fato de que minhas escolas primárias e secundárias faziam parte do chamado Sistema Escolar Negro. A casa que meus pais compraram estava localizada na fronteira de um bairro destinado a famílias negras. As leis locais nos proibiam de atravessar a rua em frente à nossa casa, pois poderíamos ser legalmente acusados de invadir a zona branca.

Menciono esses detalhes porque o movimento pelos direitos civis nos Estados Unidos, que tomou forma em meados da década de 1950, contestou esses e outros aspectos da segregação racial legalizada. Ao exigirmos igualdade jurídica no transporte público, moradia, educação e voto, reivindicamos os direitos de cidadania, conforme previstos em lei. A conquista desses direitos de cidadania também envolveu uma luta prolongada contra o linchamento, que, desde o fim da guerra civil, serviu como brutal afirmação simbólica da supremacia branca.

À medida que as ideias de igualdade racial produzidas pelo movimento por direitos civis gradualmente se tornaram hegemônicas na nação, elas se solidificaram em noções firmes do que contava como vitórias sobre a subjugação racial e, no processo, produziram seus próprios sentidos para o racismo. Por mais importantes que essas vitórias tenham se mostrado, certa inflexibilidade nas definições de racismo resultantes produziu, tanto nos discursos jurídicos quanto nos populares, enganos persistentes em relação à natureza do racismo. As definições de racismo influenciadas por condições históricas particulares tornaram-se formas trans ou a-históricas de conceituar a discriminação e a subjugação racial. A persistência desses sentidos para além das condições históricas particulares que os produziram tem dificultado a evolução de um novo vocabulário e de um novo discurso que nos permita identificar modos de racismo na chamada era pós-direitos civis.

O reconhecimento, pela Comunidade Internacional de Direitos Humanos, de alguns desses novos modelos de racismo foi indicado no título da Conferência Mundial contra o Racismo, a Discriminação Racista, a Xenofobia e Intolerâncias Relacionadas de 2001, em Durban, África do Sul. Lamentavelmente, a cobertura da mídia aos ataques do 11 de Setembro em Nova York e Washington, que ocorreram no fim da conferência, resultou em pouca atenção aos acontecimentos posteriores à conferência mundial. Diálogos públicos mais frequentes sobre a conferência poderiam ter ajudado a popularizar os sentidos mais amplos do racismo.

Nos Estados Unidos, as comunidades acadêmicas e ativistas apontaram os perigos de basear as teorias do racismo, bem como as práticas antirracistas, no paradigma negro/branco que influenciou a busca por direitos civis e, mais ainda, de assumir que o paradigma dos direitos é fundamental para o próprio sentido do antirracismo. Nenhum paradigma pode explicar, por exemplo, o papel desempenhado pela colonização e o genocídio praticado contra os povos indígenas na formação do racismo nos Estados Unidos. O genocídio histórico contra indígenas baseia-se justamente na invisibilidade – em uma recusa obstinada a reconhecer a existência dos povos originários da América do Norte, em um reconhecimento ou equívoco que só os reconhece como empecilhos à transformação da paisagem, empecilhos a ser destruídos ou assimilados.

Diversas populações racializadas dos Estados Unidos – primeiras nações, mexicanas, asiáticas e, mais recentemente, de ascendência médio-oriental e sul-asiática – têm sido alvo de diferentes modos de subjugação racial. A islamofobia provoca e complexifica o que conhecemos como racismo. Além disso, o racismo que afeta pessoas de ascendência africana é hoje mais profundamente influenciado por classe, gênero e sexualidade que talvez reconhecêssemos em meados do século XX.

A questão que quero explorar nesta palestra, então, é: como a permanência dos sentidos históricos do racismo e suas soluções nos impedem de reconhecer as formas complexas como o racismo estrutura clandestinamente instituições, práticas e ideologias predominantes nesta era do neoliberalismo?

Elizabeth Martínez, lendária ativista dos direitos civis e do movimento *chicano*, apontou, junto com seu colaborador Arnoldo García, da Rede Nacional de Direitos dos Imigrantes e Refugiados, que as novas condições que constituem o neoliberalismo e caracterizam o desenvolvimento econômico desde os anos 1980 envolvem uma liberdade quase total de movimento de capital, bens e serviços – em outras palavras, o domínio total do mercado. Os gastos públicos com serviços sociais foram drasticamente reduzidos. Tem havido uma pressão constante para a eliminação da intervenção governamental e da regulação do mercado. Assim, a privatização do gás e da energia elétrica, da saúde, da educação e de muitos outros serviços de assistência social emergiu como o modo de aumentar os lucros das corporações globais. Por fim, Martínez e García apontam que o conceito de bem público e o próprio conceito de "comunidade" têm sido eliminados para abrir caminho à noção de "responsabilidade individual". Isso resulta em uma "pressão sobre as pessoas mais empobrecidas de uma sociedade para que encontrem, por conta própria, as soluções para a carência de assistência médica, educação e seguridade social – além de acusá-las, se falharem, de 'preguiçosas'"[1].

Eu acrescentaria um ponto a essa definição de neoliberalismo: a suposição equivocada de que a história não é relevante. Essa ideia, formulada por Francis Fukuyama como "o fim da história", envolve também, como disse Dinesh d'Souza, "o fim do racismo". Tanto a raça quanto o racismo são profundamente históricos. Assim, se descartamos noções biológicas e, portanto, essencialistas de "raça" como falaciosas, seria errôneo supor que também podemos nos livrar voluntariamente de histórias de raça e racismo. Reconheçamos ou não, continuamos a habitar essas histórias, que ajudam a constituir nossos mundos social e psíquico.

O neoliberalismo vê o mercado como o verdadeiro paradigma da liberdade, e a democracia surge como sinônimo de capitalismo, que reemergiu como o *télos* da história. Nas narrativas oficiais da cronologia estadunidense, as importantes vitórias dos direitos civis são tratadas como a consolidação final da democracia nos Estados Unidos, tendo relegado o racismo à lata de lixo da história. O caminho para a eliminação completa do racismo está representado no discurso neoliberal da "neutralidade racial" e na afirmação de que a igualdade só pode ser alcançada quando a lei e também os sujeitos individuais se tornam neutros em relação à raça. Essa abordagem, no entanto, não consegue apreender o trabalho material e ideológico que a raça continua a fazer.

Quando exemplos óbvios de racismo vêm a público, são considerados aberrações isoladas, a ser tratadas como atributos anacrônicos do comportamento individual. Houve vários casos desse tipo nos últimos meses nos Estados Unidos. Cito o laço que foi pendurado em um galho de árvore por estudantes brancos em uma escola em Jena, Louisiana, como sinal de que estudantes negros estavam proibidos de se reunir sob aquela árvore. Também posso aludir ao uso público de palavrões racistas por um famoso comediante branco, à linguagem racista e misógina empregada por um conhecido radialista ao se referir a mulheres negras em um time de basquete universitário e, por fim, a comentários recentes sobre o golfista Tiger Woods.

Talvez eu deva explicar melhor este último exemplo: dois jornalistas esportivos estiveram envolvidos pouco tempo atrás em uma conversa sobre o

---

[1] Elizabeth Martínez e Arnoldo García, "What is Neoliberalism? A Brief Definition for Activists". Disponível em: <http://www.corpwatch.org/article/what-neoliberalism>. Acesso em: 1º set. 2022.

aparentemente irrefreável Tiger Woods em relação à nova geração de golfistas, que tem grande dificuldade de alcançá-lo. Um jornalista observou que os golfistas mais jovens provavelmente teriam que se agrupar e atacar Woods. O outro respondeu dizendo que eles teriam de pegá-lo e "linchá-lo em um beco", evocando, assim, com uma única frase banal, uma longa e brutal história de implacável violência racista.

Esses comentários foram, é claro, prontamente identificados como expressões familiares – extremamente familiares – de atitudes racistas que agora são tratadas como anacrônicas e que, no passado, se articulavam com racismos patrocinados pelo Estado. Esse tipo de ocorrência é agora relegado à esfera privada e só se torna *público* quando é literalmente *publicado*. Se, em um período anterior de nossa história, tais comentários teriam sido claramente entendidos como vinculados à política estatal e às práticas materiais das instituições sociais, agora são tratados como anomalias individuais e privadas, a ser solucionadas punindo e reeducando os indivíduos, ensinando a eles a neutralidade racial, instruindo-os a não perceber o fenômeno da raça.

Porém, se enxergamos essas explosões individuais de racismo como associadas à persistência e ao maior entrincheiramento do racismo institucional e estrutural atrás da cortina do neoliberalismo, seus sentidos não podem ser entendidos como aberrações individuais. Nos casos que discutimos, o racismo é explícito e flagrante. Não há como negar que essas são declarações racistas. O que acontece, porém, quando o racismo se expressa não pelas palavras de indivíduos, mas pelas práticas institucionais "silenciosas", tomando emprestado o termo usado por Dána-Ain Davis, a respeito do racismo[2]?

A incapacidade de reconhecer a persistência contemporânea dos racismos dentro de instituições e outras estruturas sociais resulta na responsabilização dos indivíduos que são as vítimas pelos efeitos por eles provocados, agravando ainda mais o problema de não identificar as operações econômicas, sociais e ideológicas do racismo. Existe uma lógica semelhante por trás da criminalização dessas comunidades, que estão super-representadas em prisões e presídios. Ao não reconhecer as forças materiais do racismo responsáveis por oferecer enorme quantidade de jovens de comunidades negras e latinas ao Estado carcerário, o processo de criminalização imputa a responsabilidade aos indivíduos que são as

---

[2] Dána-Ain Davis, "Narrating the Mute: Racializing and Racism in a Neoliberal Moment", *Souls*, n. 9, v. 4, 2007, p. 34-360. Disponível em: <https://www.tandfonline.com/doi/abs/10.1080/10999940701703810>. Acesso em: 1º set. 2022.

vítimas, reproduzindo, assim, as próprias condições que geram padrões racistas de encarceramento e sua capacidade aparentemente infinita de expansão. A interpretação equivocada desses padrões racistas replica e reforça a privatização que está no cerne do neoliberalismo, pela qual a atividade social é individualizada e os enormes lucros gerados pela indústria punitiva são legitimados.

Em 28 de fevereiro de 2008, o Pew Research Center publicou um relatório sobre o encarceramento nos Estados Unidos intitulado "One in One Hundred: Behind Bars in America 2008". De acordo com o relatório, uma em cada cem pessoas adultas está agora atrás das grades em um dia qualquer. Embora os números em si sejam chocantes, a imensa desproporção de pessoas de minorias étnicas e raciais em presídios e prisões é, em grande parte, responsável pela cifra "uma em cem". De acordo com o relatório,

> para alguns grupos, os números do encarceramento são especialmente surpreendentes. Enquanto um em cada trinta homens entre 20 e 34 anos está atrás das grades, entre homens negros dessa faixa etária o número é um em nove. O gênero adiciona outra dimensão aos dados. Os homens ainda têm cerca de dez vezes mais chances de estar no presídio ou na prisão, mas a população feminina está crescendo em um ritmo bem mais rápido. Para as mulheres negras na faixa dos trinta e poucos anos, a taxa de encarceramento também atingiu a marca de uma em cem.[3]

Entre parênteses, quando mencionei recentemente esses novos números a um grupo em Londres, incluindo membros do Parlamento, quase todos pensaram que eu tinha errado ao falar ou que tinham me ouvido mal. Acontece que eles estavam familiarizados com os números sobre o encarceramento de jovens negros e não ficaram tão surpresos com o fato de que um número enorme de pessoas de minorias étnicas e raciais estivesse na prisão. Mas era difícil para eles entender a ideia de que, dada uma população majoritariamente branca, uma em cada cem pessoas adultas nos Estados Unidos está atrás das grades.

Em 1985, havia menos de 800 mil pessoas atrás das grades. Hoje, há cerca de três vezes mais pessoas presas, e o grande aumento foi impulsionado quase inteiramente pela prática de encarcerar a juventude de minorias étnicas e raciais. Embora os números não sejam comparáveis, pode-se argumentar que uma dinâmica semelhante comanda o encarceramento aqui na Austrália, com um número dez vezes maior de pessoas aborígines presas que sua proporção na população geral.

---

[3] The Pew Charitable Trusts, "One in One Hundred: Behind Bars in America 2008". Disponível em: <www.pewcenteronthestates.org>. Acesso em: 1º set. 2022.

Por que, então, é tão difícil nomear essas práticas como racistas? Por que a palavra "racista" tem um tom tão arcaico, como se estivéssemos confinados em um túnel do tempo? Por que é tão difícil nomear a crise do encarceramento como uma crise de racismo?

De acordo com o relatório do Pew Research Center,

> os Estados Unidos encarceram mais pessoas que qualquer país do mundo, incluindo a nação muito mais populosa da China. No início do novo ano, o sistema penal estadunidense detinha mais de 2,3 milhões de adultos. A China ficou em segundo lugar, com 1,5 milhão de pessoas atrás das grades, e a Rússia ficou em terceiro, com 890 mil pessoas detidas, de acordo com os últimos dados disponíveis. Além da grande população carcerária, os Estados Unidos também são líderes globais na taxa de encarceramento de suas cidadãs e seus cidadãos, superando nações como África do Sul e Irã. Na Alemanha, de cada 100 mil pessoas adultas e crianças, 93 estão presas. Nos Estados Unidos, a taxa é cerca de oito vezes maior: 750 de cada 100 mil.

Esses números foram produzidos pela desproporcionalmente imensa maioria representada pela juventude de minorias étnicas e raciais, em especial homens jovens negros, atualmente atrás das grades. Por exemplo, se um em cada sessenta homens brancos entre 20 e 24 anos está atrás das grades, então um em cada nove homens negros da mesma idade está encarcerado. Segundo explicações neoliberais, o fato de esses jovens negros estarem atrás das grades tem pouco a ver com raça ou racismo e tudo a ver com sua própria educação familiar privada e sua incapacidade de assumir responsabilidade moral por seus atos. Tais explicações permanecem "silenciosas" – para usar a expressão de Dána-Ain Davis novamente – diante do poder social, econômico e histórico do racismo. Permanecem "silenciosas" diante do perigoso trabalho contemporâneo que a raça continua a fazer.

O encarceramento da juventude de minorias étnicas e raciais – e de um número crescente de mulheres jovens de minorias étnicas e raciais – não é visto como associado às amplas transformações estruturais produzidas pela desregulamentação, pela privatização, pela desvalorização do bem público e pela deterioração da comunidade. Como não existe vocabulário público que nos permita situar esses desdobramentos em um contexto histórico, o desvio individual é a explicação generalizada para o aumento grotesco do número de pessoas relegadas às prisões do país e do mundo. De acordo com Henry Giroux, "o racismo sobrevive sob o disfarce do neoliberalismo, uma espécie de réplica que imagina a capacidade de ação humana como questão de escolhas individuais, sendo o único obstáculo à cidadania e à ação efetivas a falta de esforço pessoal e de responsabilidade moral"[4].

Dado que o racismo é visto como vestígio anacrônico do passado, não conseguimos compreender até que ponto a longa memória das instituições – ainda mais aquelas que constituem o circuito intimamente conectado de educação e encarceramento – continua a permitir que a raça determine quem tem acesso à educação e quem tem acesso ao encarceramento. Embora as leis tenham tido o efeito de privatizar atitudes racistas e eliminar as práticas explicitamente racistas das instituições, essas mesmas leis são incapazes de apreender a existência estrutural profunda do racismo e, portanto, permitem que ele continue a crescer.

Essa operação invisível do racismo não só influencia as chances de sobrevivência de milhões de pessoas, como ajuda a nutrir um reservatório psíquico de um racismo que muitas vezes irrompe nas falas e nas ações dos indivíduos, como nos casos já citados. A reação frequente desses indivíduos que são pegos em flagrante é "Não sou racista. Nem sei de onde veio isso" e só pode ser respondida se formos capazes de reconhecer a profunda existência estrutural do racismo.

O racismo estrutural profundo do sistema de justiça criminal afeta nossa vida de formas complexas. O que reconhecemos há mais de uma década como o complexo industrial-prisional dos Estados Unidos, através do qual o racismo produz enormes lucros para corporações privadas, agora pode ser reconhecido como um complexo industrial-prisional global que lucra em todo o mundo com as formas pós-coloniais de racismo e xenofobia. Com o desmantelamento do Estado de bem-estar social e o ajuste estrutural no Sul Global exigido pelas instituições financeiras globais, a instituição da prisão – que é em si um importante produto comercializado pelo capitalismo do mundo – torna-se o local privilegiado no qual as populações empobrecidas excedentes são depositadas. Portanto, novas formas de racismo estrutural estão surgindo. A profunda existência estrutural do racismo verte do sistema de justiça criminal dos Estados Unidos e tem exercido um efeito devastador na vida política da nação e do mundo.

Desde o período da escravatura, o racismo tem sido associado à morte. A geógrafa Ruth Gilmore definiu o racismo como "a produção e a exploração sancionadas pelo Estado e/ou legais e a exploração da vulnerabilidade de diferentes grupos à

---

[4] Henry A. Giroux, "Spectacles of Race and Pedagogies of Denial: Anti-Black Racist Pedagogy Under the Reign of Neoliberalism", *Communication Education*, n. 52, v. 3, 2003, p. 191-211. Disponível em: <https://www.tandfonline.com/doi/abs/10.1080/0363452032000156190>. Acesso em: 1º set. 2022.

morte prematura, em geografias políticas distintas, mas densamente interconectadas"[5]. A morte a que Gilmore se refere é multidimensional, abrangendo a morte corporal, a morte social e a morte civil. Desde seu advento, a instituição da prisão foi organicamente ligada à ordem política da democracia na medida em que demonstra de forma negativa a centralidade dos direitos e liberdades individuais. A vida civil é negada, e o preso é relegado à condição de morte civil. Seguindo Claude Meillassoux e Orlando Patterson, Colin (Joan) Dayan e uma equipe compararam a morte social pela escravização à morte civil do encarceramento, particularmente considerando o histórico caso legal "Ruffin *vs.* Commonwealth", que em 1871 declarou o prisioneiro como "o escravo do Estado".

Embora o estado de morte civil de pessoas aprisionadas tenha agora mudado para que elas não sejam mais mortas-vivas, como Dayan as caracterizou – ou seja, seus direitos residuais foram ligeiramente ampliados –, uma série de privações coloca a pessoa presa e, aliás, também a ex-presa fora dos limites da democracia liberal.

No tempo que me resta, quero examinar uma dessas privações – a perda do direito ao voto por pessoas que cometeram crimes – e de pensar no impacto que ela tem como um subproduto do racismo no funcionamento da democracia estadunidense contemporânea.

Nos Estados Unidos, as populações encarceradas, exceto nos estados de Vermont e Maine, perdem o direito ao voto. Isso significa que 5,3 milhões de pessoas perderam o direito de votar, permanente ou temporariamente. Entre os homens negros, os números são ainda mais dramáticos: quase 2 milhões de homens negros, ou 13% da população total de homens negros adultos. Em alguns estados, um em cada quatro homens negros é impedido de votar.

O período histórico que testemunhou uma expansão significativa das leis de exclusão de criminosos foi a era pós-guerra civil, ou seja, após a aprovação da 14ª e da 15ª emendas. Na verdade, assim que a 13ª emenda – que legalmente (e apenas legalmente) acabou com a escravização – definiu as pessoas sentenciadas como exceções, a 14ª emenda, que garantia a todas as pessoas igual proteção da lei, também continha uma exceção – a seção 2 permitia aos estados retirar o direito de sufrágio de quem se envolvia em "rebelião ou outros crimes"[6].

---

[5] Ruth Wilson Gilmore, "Race and Globalization", em P. J. Taylor, R. L. Johnston, M. J. Watts (orgs.), *Geographies of Global Change* (2. ed., Oxford, Basil Blackwell, 2002), cap. 17, p. 261.

[6] Elizabeth A. Hull, *The Disenfranchisement of Ex-Felons* (Filadélfia, Temple University Press, 2006), p. 18.

De acordo com Elizabeth Hull, as convenções constitucionais sulistas durante o período que se seguiu à derrubada da Reconstrução Radical – para usar a periodização de W. E. B. Du Bois – desenvolveram estratégias de criminalização precisamente para privar pessoas escravizadas e as que delas descendiam do direito ao voto. Muitos estados do Sul aprovaram leis que vinculavam os crimes especificamente associados a negros à privação de direitos, enquanto aqueles associados a brancos não resultaram na privação do direito ao voto. Em estados como Mississippi, havia a situação irônica de que, se você fosse condenado por assassinato, mantinha seu direito de votar, mas, se recebesse uma sentença por miscigenação, perdia-o[7].

O trabalho de Jeff Manza e Christopher Uggen revelou que, entre 1850 e 2002, estados com maior número de pessoas de minorias étnicas e raciais entre suas populações carcerárias eram mais propensos a aprovar leis restringindo seu direito ao voto, o que os leva a concluir que existe uma "conexão direta entre política racial e absolvição de quem comete crimes [...]. Quando perguntamos como chegamos ao ponto em que a prática estadunidense pode estar muito desalinhada com o resto do mundo", escrevem eles, "a resposta mais plausível que podemos fornecer é a de raça"[8].

Pode-se argumentar com segurança que a presidência de Bush foi possibilitada precisamente pelo rebaixamento de uma grande população negra formada na maioria de indivíduos "livres" à condição de morte civil. George W. Bush "ganhou" as eleições na Flórida em 2000 por uma pequena margem de 537 votos. Como o congressista John Conyers apontou, o fato de 600 mil pessoas que haviam sido prisioneiras terem sua participação nas eleições negada apenas no estado da Flórida "pode ter mudado a história desta nação"[9]. Seria possível, assim, argumentar que a existência de um profundo racismo estrutural no sistema prisional dos Estados Unidos nos deu o presidente que articulou os medos coletivos ligados a um reservatório psíquico histórico de racismo a fim de travar guerras contra os povos do Afeganistão e do Iraque sob o pretexto de combate ao terror.

---

[7] Ibidem, p. 19.

[8] Jeff Manza e Christopher Uggen, *Locked Out: Felon Disenfranchisement and American Democracy* (Oxford, Oxford University Press, 2006), p. 68.

[9] Elizabeth A. Hull, *The Disenfranchisement of Ex-Felons*, cit., p. ix.

DEMOCRACIA, MUDANÇA SOCIAL E ENGAJAMENTO CIVIL

Bryn Mawr College, Pensilvânia
2 de fevereiro de 2009

Agradeço pelo convite para falar aqui na Bryn Mawr durante a celebração do Mês da História Negra.

Como todos sabem, este é um momento muito especial na história de nosso país – o único Mês da História Negra que será comemorado logo após a eleição, pela primeira vez, de um presidente negro que se identifica com a tradição radical negra de luta pela liberdade. Passaram-se apenas duas semanas desde a posse de Barack Hussein Obama, o que significa que a experiência de ter um presidente disposto a fazer movimentos progressistas ousados ainda é muito nova.

Mas vocês me pediram para falar sobre o tema: "Democracia, mudança social e engajamento civil".

Ao me aprofundar nessa questão, quero primeiro examinar a proposição mais extrema que surgiu durante esse período de celebração da ascensão de Barack Obama à Presidência dos Estados Unidos. Muitas pessoas disseram que o sonho de Martin King havia sido realizado. Disseram que a última barreira do racismo havia sido superada. Disseram que uma pessoa negra pode ser qualquer coisa! E isso deve significar que a democracia dos Estados Unidos atingiu o zênite, que a mudança chegou ao país, que o sonho foi realizado.

Será que com um homem negro eleito para a Presidência todas as barreiras do racismo desmoronam? Alguns poderosos meios de comunicação parecem pensar assim. De acordo com o jornal *The New York Times*, por exemplo, Obama conseguiu "eliminar a última barreira racial na política estadunidense com facilidade, pois o país o escolheu como seu primeiro chefe executivo negro".

A eleição de Barack Obama pode não ser um fenômeno tão extraordinário para a juventude que foi formada na cultura visual popular. Quantos presidentes negros ela já viu? Dennis Haysbert foi presidente em *24 horas*; Morgan Freeman, Danny Glover e outros também foram escalados para o papel.

Mas onde reside a lógica aqui? Um homem negro é agora o presidente e comandante do estado-maior dos Estados Unidos da América. Todas as pessoas que sofrem os efeitos da discriminação por raça, gênero, sexualidade, deficiência etc. avançaram; mas teriam sido magicamente libertadas das condições de sua subjugação?

Então, qual é o significado da eleição de Obama?

Algo de grande impacto aconteceu – mas não quer dizer que a presidência de Obama seja capaz de transformar milagrosamente as condições materiais de pessoas pobres, negras, outras pessoas de minorias étnicas e raciais, imigrantes, gays, lésbicas, bissexuais, transgênero e intersexuais. Ela não nos trouxe a libertação. Mas diz em que tipo de ambiente político e ideológico vivemos agora; diz algo sobre a atual conjuntura histórica.

A eleição de Barack Obama não impediu que um policial da companhia pública de transporte rápido atirasse em um jovem negro armado em Oakland, Califórnia. Ainda assim, ela nos dá esperança de estarmos em um terreno mais hospitaleiro para a luta contra a violência policial.

O que muitos de nós costumávamos chamar de "outra América", os Estados Unidos descendentes de Harriet Tubman e John Brown, de Rosa Parks, Martin Luther King, Cesar Chavez, Joe Hill, dos mártires de Haymarket, o país que historicamente vivenciou a escravização, a colonização e a exploração econômica, a América Invisível é enfim a nação que pode potencialmente fornecer a liderança de que precisamos durante estes tempos difíceis.

Digamos em voz alta e com orgulho: *presidente Barack Hussein Obama*.

Não quero minimizar os desafios do momento. Na verdade, não acho que estaria respeitando a importância do Mês da História Negra se retratasse essa eleição e essa posse como a panaceia para todos os nossos problemas. Mas quero que apreciemos essa vitória, celebremos esse momento, a conjuntura histórica, que surfemos por um momento na onda de solidariedades emocionais coletivas e globais ocasionadas por esse triunfo. Quero que a apreciemos não pelo que ela anuncia, não por suas consequências, mas pelo que ela significa neste momento da história. Pelo que ela significa para gerações de pessoas de ascendência africana, gerações de pessoas de todas as origens raciais e étnicas aqui e no exterior que aprenderam a priorizar a justiça, a igualdade e a paz antes do lucro econômico, antes das ideologias do racismo.

Muitas pessoas supõem que a eleição atual representa a vitória final do movimento pelos direitos civis. Então, deixe-me falar sobre direitos civis.

Como sabemos, "direitos civis" referem-se aos direitos de todos os cidadãos e todas as cidadãs, mas, como a própria natureza da cidadania nos Estados Unidos sempre foi perturbada pela recusa em conceder cidadania a grupos subordinados – povos indígenas, população africana escravizada, mulheres de todas as origens raciais e econômicas –, tendemos a pensar em algumas pessoas como cidadãs-modelo, como cidadãs arquetípicas, aquelas cujos direitos civis nunca são questionados, a quintessência da cidadania; e em outras pessoas como as que têm de travar lutas pelo direito de ser consideradas cidadãs. E algumas – imigrantes sem documentos ou imigrantes sem documentos e "suspeitas", além de pessoas que cometeram crimes ou pessoas que cometeram crimes e são "suspeitas" – estão totalmente fora do alcance da cidadania.

Ainda vivemos com essa noção de cidadania em dois níveis.

A pena de prisão baseia-se na suposição de que as pessoas têm direitos e liberdades que podem ser retirados delas. Pensem em uma fotografia e em seu negativo: a prisão é o negativo da democracia liberal mais ampla.

Por causa da longa história de campanhas do povo negro pela igualdade, a expressão "direitos civis" tornou-se sinônimo de medidas legais que asseguram a igualdade racial. Como a história da luta por "direitos civis" remonta à época da escravatura, tem havido uma tendência a considerar que as pessoas negras são os sujeitos representativos dos "direitos civis" e que os "direitos civis" são afirmados por meio de processos legislativos e judiciais, que tentam assegurar a igualdade racial perante a lei.

Sabemos que aqui, nos Estados Unidos, as pessoas negras não são as únicas a quem foram negados plenos direitos de cidadania. Outras comunidades racializadas tiveram e continuam tendo sua cidadania negada; direitos plenos de cidadania são negados em virtude do gênero e em virtude da sexualidade. Algumas pessoas reagem negativamente quando ouvem falar da luta pelos direitos civis das comunidades LGBTQIA+ em relação a questões como o direito de se casar (e isso não diz nada sobre a natureza patriarcal e heteronormativa da instituição do casamento em si).

Os problemas que emergem dessa tendência de equiparar os direitos civis aos sujeitos afro-estadunidenses são muitos. Por exemplo, durante a campanha presidencial de 2008, fiquei impressionada com a ansiedade racialmente distorcida que emergiu entre os apoiadores da chapa John McCain-Sarah Palin e com o discurso sobre cidadania que a impulsiona. Durante um dos comícios televisionados de McCain-Palin em Minnesota, uma mulher disse: "Não posso confiar em Obama. Li sobre ele, e ele não é, ele não é... ele é árabe". Nesse ponto, McCain pegou o microfone dela e disse: "Não, senhora. Ele é um homem de família decente [e] um cidadão com quem tenho discordâncias em questões fundamentais, e é disso que trata esta campanha".

Por que nem ocorreu a McCain dizer que, embora Obama não seja árabe, não haveria nada de errado em um árabe concorrer à Presidência? Se você considerar o comentário bastante incoerente da mulher, ela poderia facilmente ter dito "crioulo" em um momento histórico diferente, ou "judeu".

Mas a ideia é: em sua resposta, McCain deu a entender que, se ele realmente fosse árabe, não poderia ter sido caracterizado como "homem de família decente", não poderia ter sido caracterizado como "cidadão". Embutidos em sua resposta estavam a noção de que árabes são excluídos da cidadania estadunidense e o discurso heteronormativo, ou seja, a racialização e a sexualização da própria cidadania. Seria interessante considerar como a palavra "decente" passou a representar a diferenciação daqueles que de outra forma estariam associados a comunidades criminalizadas. Portanto, enquanto as comunidades negras empobrecidas ainda são sistematicamente criminalizadas, há pessoas negras que se elevaram "acima da raça" e são, portanto, "decentes".

Preocupa-me demais que Obama não tenha encontrado maneira de desafiar o racismo antiárabe e a islamofobia implícita.

Mas é importante que ele tenha dado sua primeira entrevista à Al Arabiya.

Estamos comemorando o Mês da História Negra. Vamos rever o que é oficialmente conhecido hoje como a era dos direitos civis e invocar o Movimento pela Liberdade – pelo qual dr. King deu a vida –, em especial todas aquelas pessoas que, como Fannie Lou Hamer, o reverendo Ralph Abernathy, James Foreman, Dorothy Smith Robinson, Ella Baker e Joanne Robinson, não viveram para ver este dia.

Elas não sabiam o que estavam desencadeando; acreditavam tão fortemente na justiça e na igualdade, e em sua própria capacidade coletiva de erradicar uma importante estrutura de racismo no Alabama, na Geórgia, no Mississippi, que inspiraram pessoas em todo o Sul, em todo o país e em todo o mundo.

Cinquenta anos atrás, a evocação da "raça" pelos grandes tambores da justiça (como dr. King chamava essas pessoas) significou igualdade, esperança e mudança. É evidente que, quando foi feita por quem acreditava na segregação perpétua, ela representava o *status quo*.

Hoje, muitos aspectos de nossa sociedade mudaram. Não é o mesmo mundo que conheci quando criança, vivendo a cerca de quinze quilômetros daqui, em Birmingham, e fiquei horrorizada ao ouvir sobre Emmett Till e depois me alegrei ao saber do boicote*.

A mudança ocorreu em alguns aspectos, como o próprio Obama apontou em seu discurso sobre raça, mas o racismo está longe de ser erradicado. Por que, então, foi tão difícil sustentar um diálogo aberto sobre raça durante a campanha eleitoral? Por que "raça" significava negatividade, significava caos? Por que não foi possível aprofundar algumas das questões que o próprio Obama levantou?

O trabalho que a raça faz – o trabalho que fez historicamente e o lugar central que ocupa na psique coletiva deste país – é bastante complexo e tem muitas dimensões. Mas talvez sua dimensão histórica seja mais central.

Vivemos em um país cuja população não adquiriu o hábito de levar a sério a memória histórica. Tendemos, portanto, a pensar que algo que aconteceu há dez ou vinte ou trinta anos é parte de uma história que permanece restrita ao passado.

Mas as histórias nos abandonam e vão para um lugar inacessível. Elas são parte de nós; elas nos habitam e nós as habitamos mesmo quando não temos consciência dessa relação.

Em seu agora famoso discurso sobre raça, Obama se identifica com as lutas históricas contra o racismo, e acho que foi isso que gerou um entusiasmo que transcendeu gerações e identificações raciais e étnicas.

Descartamos noções anacrônicas de raça baseadas em classificações pseudocientíficas da humanidade, que são hierárquicas por natureza, descartamos essas noções de raça, mas não podemos descartar o trabalho que a raça fez para moldar nossas histórias.

Muitas pessoas entre nós dissemos que não esperávamos na vida ver um presidente negro. Essa frase foi repetida tantas vezes, principalmente por pessoas de ascendência africana, que acho que devemos parar e refletir sobre seu sentido.

---

* Emmett Louis Till, garoto negro de catorze anos brutalmente assassinado no Mississippi, em 1955, depois de ter sido acusado de assediar uma mulher branca, Carolyn Bryant, no mercado da família dela. Os principais acusados de matar e ocultar o corpo de Till, o marido e o cunhado de Carolyn, foram absolvidos no julgamento, que durou pouco mais de uma hora. Em protesto, a população afro-estadunidense local passou a boicotar o mercado. Pouco tempo depois, os homens confessaram o crime a uma revista e, muitas décadas depois, Carolyn confessou ter mentido sobre os acontecimentos. (N. T.)

Estamos nos referindo acima de tudo a pessoas de certa geração que disseram não acreditar que viveriam para ver este dia (embora Martin Luther King tenha dito na década de 1960 que não deveria levar 40, mas 25 anos).

Quantas vezes você já ouviu alguém dizer: "Eu não achei que veria um presidente afro-estadunidense"? O fato de um presidente negro ter sido eleito foi tão importante que um grande número de pessoas se dirigiu a Washington para testemunhar pessoalmente, ou ao menos pelos telões do shopping center, o juramento de Barack Obama.

Como definimos "negro" ou "afro-estadunidense"? Nossa definição é política; é aquele que está antes de tudo associado à luta pela liberdade. O sentido da negritude no contexto histórico está inexoravelmente ligado ao sentido da liberdade – ao sentido da democracia.

Se a pessoa negra eleita não tivesse se identificado com essas lutas, com a autêntica expansão da liberdade no país e no mundo, se a pessoa negra fosse uma figura do tipo Clarence Thomas, acho que não teríamos reagido da mesma maneira. Se houvesse um candidato negro que jurasse continuar a guerra do Iraque, que colocasse as necessidades das corporações acima das do povo, que quisesse continuar as velhas políticas de Bush, não teríamos respondido da mesma maneira.

Orlando Patterson aponta em seu monumental estudo sobre a escravização que a liberdade foi primeiro imaginada e inventada por pessoas escravizadas; foi imaginada pela primeira vez por pessoas cuja vida era a negação da liberdade.

Então, lembremo-nos de mulheres e homens escravizados que imaginaram e lutaram pela liberdade. Lembremo-nos de ativistas das décadas de 1930 e 1940 que abriram caminho para a luta pela liberdade das décadas de 1950 e 1960, que ousaram imaginar um lugar melhor, um mundo melhor.

Ouvimos Obama falar sobre a crise econômica e o ouvimos assumir o compromisso de agir com coragem e firmeza. Nós o ouvimos comprometer-se a acabar com a guerra no Iraque, mas não tenho tanta certeza de que precisamos de uma guerra acelerada no Afeganistão. Ouvimos Obama dizer que nossa segurança pública não deve exigir o sacrifício de nossos princípios e ideais. E esperamos que a prisão militar de Guantánamo seja fechada em breve. Como esperamos que ele aja depressa para salvar o meio ambiente do planeta.

Mas também quero ouvir Obama comprometer-se a acabar com a discriminação racial e a violência policial. E precisamos desenvolver estratégias que não nos obriguem a reinventar a roda cada vez que um jovem é morto pela polícia.

Quero ouvir Obama comprometer-se a acabar com o encarceramento massivo. Há mais de 2 milhões de pessoas atrás das grades, muitas apenas porque são jovens e negras ou latinas e empobrecidas. Se há um compromisso de reformar o sistema educacional, também deve haver um compromisso de abolir o sistema prisional existente.

O racismo não acabou porque um homem negro agora ocupa o cargo mais alto do país ou porque uma família negra está na Casa Branca. Ao celebrarmos sua ascensão, não nos esqueçamos de milhões de famílias que foram desestruturadas por causa do racismo institucional que está por trás do sistema de justiça criminal.

Obama se comprometeu com uma nova política em relação ao mundo muçulmano. Ao apoiá-lo nessa empreitada, pedimos que ele reconheça a violência e a opressão que foram infligidas a nossas irmãs e nossos irmãos palestinos – especialmente quem vive em Gaza agora.

ORAÇÃO DO BISPO GENE ROBINSON

Abençoe-nos com lágrimas – por um mundo em que
mais de um bilhão de pessoas subsiste com menos de um dólar por dia,
onde mulheres jovens de muitos países são espancadas e
estupradas por desejar educação e milhares morrem
diariamente de desnutrição, malária e aids.

Abençoe-nos com ira – contra a discriminação
dentro e fora do país, contra refugiados e imigrantes, mulheres,
pessoas de minorias étnicas e raciais, gays, lésbicas, bissexuais e
pessoas transgênero.

Abençoe-nos com desconforto – contra "respostas"
fáceis, simplistas, que preferimos ouvir
de nossos políticos, mais que a verdade sobre nós mesmos
e o mundo que precisamos enfrentar se queremos
estar à altura dos desafios do futuro.

Abençoe-nos com paciência – e o conhecimento de que
nada do que nos aflige será "consertado" tão cedo
e a compreensão de que nosso novo presidente é um
ser humano, não um messias.

Abençoe-nos com humildade – aberta ao entendimento
de que nossas próprias necessidades devem sempre ser equilibradas
com as do mundo.

Abençoe-nos com a libertação da mera tolerância – substituindo-a
por um respeito genuíno e a calorosa
aceitação de nossas diferenças e a compreensão
de que, em nossa diversidade, somos mais fortes.

DIÁLOGOS DIFÍCEIS

Conferência da Associação Nacional de Estudos da Mulher, Atlanta
12 de novembro de 2009

Uma das organizações com as quais trabalho e que serviu de terreno onde algumas das percepções coletivas que compartilharei com vocês surgiram é a Sisters Inside, organização abolicionista que se concentra nas mulheres na prisão. Participando de reuniões e conferências na Austrália, onde está sediada, aprendi que, antes de qualquer outro procedimento, reconhecemos sempre os povos proprietários tradicionais da terra.

Aqui em Atlanta, Geórgia, quero agradecer aos habitantes e aos proprietários originais da terra em que nos reunimos nesta noite, reconhecendo que homens e mulheres indígenas foram e continuam sendo os mais consistentemente excluídos dos círculos de justiça. Prometi a mim mesma fazer esse reconhecimento cerimonial toda vez que falar em um encontro público, a fim de não consentir no genocídio discursivo que continua a afirmar o genocídio da colonização.

Já se passaram 32 anos desde a fundação da Associação Nacional de Estudos sobre Mulheres (NWSA na sigla original). Para nós que temos ensinado e escrito a respeito de temas internos e afins aos estudos sobre mulheres e gênero e a respeito de estudos feministas durante a existência da NWSA, é muito difícil acreditar que já se passaram mais de três décadas desde a conferência de fundação. Minha primeira afiliação formal à associação foi no mesmo ano daquela conferência, 1977, e sinto certa nostalgia daqueles anos na Universidade Estadual de São Francisco, quando Cherríe Moraga, Gloria Anzaldúa e bell hooks estavam entre minhas colegas.

Houve momentos em que cheguei a achar praticamente impossível imaginar que a NWSA seria presidida por uma mulher negra – muito menos uma mulher negra como Beverly Guy-Sheftall. (O tema desta conferência é "Diálogos difíceis". No entanto, isso é algo que não tenho dificuldade de dizer.)

Quando descobri que Beverly havia sido eleita presidente da NWSA, senti um arrepio de alegria, o tipo de arrepio que dá início a uma mudança de dimensão. Trata-se de algo histórico, equivalente a uma virada de milênio para a comunidade de estudos feministas; espero que marque o início de uma nova era.

Que abertura seria melhor para uma conferência cujo tema são os diálogos difíceis?

Hoje examinaremos como as práticas intelectuais, políticas e institucionais feministas não podem ser adequadamente exercidas se as políticas de gênero forem conceituadas (aberta ou implicitamente) como acima ou além das políticas de raça, sexualidade, classe social, nação e deficiência.

Por muitos anos e muitas décadas, houve críticas e lutas contra quem insistia que a categoria gênero estava contida em si mesma e era autossuficiente e que a investigação acadêmica sobre a construção de gênero era possível sem levar em consideração a raça, a sexualidade, a classe, as deficiências e a nação.

Esta conferência reflete um novo consenso, ou pelo menos o desejo de um novo consenso, em torno de um complexo de questões que foram a fonte de um debate que durou mais de um século.

Em seu livro *Gender Talk**, Beverly Guy-Sheftall e Johnnetta Cole lembram que duas décadas após o suposto fim da escravatura, Anna Julia Cooper clamou por "um momento de retrospecção, introspecção e prospecção" para analisar, nas palavras das autoras, "o legado generalizado da escravização", "o racismo do movimento de mulheres brancas" e a "análise do machismo dentro da comunidade negra".

Esses debates se desdobraram em conferências anteriores da NWSA, por exemplo a famosa conferência de 1983 em Storrs, Connecticut, sobre a qual Gloria Bowles e Chela Sandoval escreveram e cujo tema era "As mulheres reagem ao racismo".

Há uma longa história de tentativas de descobrir como pensar e agir em relação a essas categorias como interseccionais, porém nem sempre perfeitamente intersectadas, e sim sobrepostas e hachuradas.

Como Beverly e Johnnetta apontam em seu livro, essa história se estende desde os primeiros esforços de Anna Julia Cooper, passando pela correspondência

---

* Beverly Guy-Sheftall e Johnnetta Betsch Cole, *Gender Talk: The Struggle for Women's Equality in African American Communities* (Nova York, One World, 2003). (N. E.)

que Pauli Murray criou entre Jim Crow e Jane Crow, até a ameaça dupla de Frances Beal e a ameaça tripla da Aliança de Mulheres do Terceiro Mundo (TWWA na sigla original)*.

A mensagem mais importante, que também aprendemos com o trabalho de Chandra Mohanty e Jacqui Alexander, é que nunca podemos assumir que a categoria "mulheres" represente igualmente todas as mulheres. Existem hierarquias de raça e classe, e agora que começamos a desafiar as suposições binárias por trás do gênero podemos dizer hierarquias de gênero também. Onde, por exemplo, uma mulher transgênero figura na hierarquia?

E o termo "feminismo" ainda é contestado – talvez seja isso que o revitalize de uma geração para outra. Para quem tem dificuldades com o rótulo, posso contar a história de ter sido convocada pelo feminismo quando publiquei *Mulheres, raça e classe***.

Minha primeira reação foi: *feminista? Quem? Eu? Não, eu não. Sou uma mulher negra que se identifica com as lutas da classe trabalhadora.* Mas depois de um tempo respondi ao chamado. Fiquei cada vez mais confortável com a ideia de me identificar com o feminismo. Vi a própria categoria se tornando maior e mais ampla, abrangendo e abraçando contribuições históricas de mulheres de minorias étnicas e raciais, reconfigurando-se e remodelando-se em resposta aos engajamentos críticos das pessoas que insistiam em que o feminismo fosse antirracista e também solidário com as lutas das mulheres da classe trabalhadora de todas as origens raciais e étnicas, e que tivesse alcance transnacional.

O alcance da categoria está em constante expansão, mas também se estreita. A teoria *queer* incorpora, mas também contesta, algumas instâncias da teoria feminista, por exemplo. E a teoria *queer-of-color* tenta desenvolver as contribuições da teoria feminista sobre as mulheres de minorias étnicas e raciais. Assim como o feminismo aceitou implicitamente, pelo menos no início, a estrutura binária de gênero, ele teve que responder às críticas do binarismo que emanam das teorias e do ativismo muito interessantes de pessoas transgênero,

---

* Angela Davis menciona algumas das teóricas e das ideias feministas, em especial de base socialista, que desde o início do século XX buscavam discutir a complexidade das opressões. "Jane Crow", "ameaça dupla" e "ameaça tripla" – anteriores ao conceito mais contemporâneo de interseccionalidade – pretendem explicitar especialmente como preconceitos de classe, raça e gênero operam em conjunto para produzir e reproduzir opressões. (N. T.)

** Angela Davis, *Mulheres, raça e classe* (trad. Heci Regina Candiani, São Paulo, Boitempo, 2016). (N. E.)

intersexuais e gênero-dissidentes, que por sua vez tiveram que se envolver com interseccionalidades de raça e classe.

Eu poderia continuar girando nesse que parece ser um labirinto de ideias tão complexo que faz nossa cabeça doer. Por que não pode ser simples? Se nos concentrássemos apenas no gênero, isso tornaria as coisas muito mais fáceis. Mas certamente foi esse anseio pela simplicidade que racializou o feminismo como branco, que foi responsável por seus falsos universais.

Ao mesmo tempo, é a própria capacidade do feminismo de abraçar cada vez mais complexidade em resposta às circunstâncias históricas que o torna tão empolgante. É isso que o torna tão radical. É isso que mantém o campo em perpétuo estado de instabilidade, às vezes beirando a crise. Essa instabilidade e essas crises não devem ser evitadas. A instabilidade e a crise podem ser produtivas se estivermos dispostas a habitar os interstícios das instabilidades.

O feminismo se preocupa com as mulheres; o feminismo está preocupado com o gênero; o feminismo se preocupa com a sexualidade e a raça. Mas pode haver algo mais importante que esses objetos particulares de nossa preocupação. As metodologias feministas, tanto de pesquisa quanto de organização, nos impelem a explorar conexões nem sempre aparentes. Elas nos impelem a habitar contradições e descobrir o que há de produtivo nelas e nos métodos de pensamento e ação. Elas nos incitam a pensar em conjunto coisas que parecem estar inteiramente separadas e a desagregar coisas que parecem pertencer naturalmente umas às outras.

Os métodos feministas, tanto na pesquisa quanto na organização para a justiça social, exigem que desafiemos a singularidade, a separação e a totalidade de uma série de categorias sociais.

Fico maravilhada com nossa capacidade de conceituar e formular o que não tinha nome, o que era rudimentar, o que da primeira vez provocou em nós fortes respostas emocionais, mas não podíamos falar facilmente sobre o gênero racializado e a raça atravessada pelo gênero.

Nós que já estamos neste mundo há algum tempo e estamos acostumadas a vocabulários mais antigos devemos dar as boas-vindas a novas ideias, novas formulações, novos vocabulários. Aqui devemos prestar homenagem a toda a juventude estudiosa que quer mudar o campo de estudos e o mundo!

Prometi a Beverly que diria algumas palavras sobre meu próprio desenvolvimento intelectual, então decidi ler um trecho da introdução a uma nova edição de *Narrative**, de Frederick Douglass, que também inclui as primeiras palestras que dei como professora assistente de filosofia na UCLA:

> Quando li *Narrative*, de Douglass, pela primeira vez, ainda não havia aprendido a reconhecer até que ponto a equivalência de "liberdade" e "masculinidade" significava que as mulheres eram excluídas, por definição, de desfrutar todos os benefícios da liberdade. Na verdade, hoje acho um tanto embaraçoso perceber que minhas palestras na UCLA sobre Douglass se baseiam em uma noção implicitamente masculinista de liberdade, ao mesmo tempo que acho emocionante perceber o quanto amadurecemos em relação à análise feminista desde aquele período. Graças a minha formação em filosofia alemã, adquiri ferramentas conceituais que me permitiram analisar as trajetórias complexas da escravização à liberdade (usando, por exemplo, a abordagem de Hegel sobre a relação entre senhor e escravizado em *A fenomenologia do espírito***), mas só depois que comecei a trabalhar em "The Black Women's Role in the Community of Slaves"*** [O papel da mulher negra na comunidade escravizada] (um ano depois, durante o tempo em que estive presa) pude reconhecer a importância fundamental de desenvolver análises de gênero.

Ao revisitar as palestras que acompanham esta edição atual de *Narrative*, fico surpresa com quanto eu não sabia no início de uma era que testemunhou o surgimento dos estudos negros e dos estudos feministas/sobre mulheres. Em 1969, quando fui contratada pelo Departamento de Filosofia da UCLA para ministrar cursos de filosofia continental, aproveitei a oportunidade para lecionar na tradição forjada por Kant, Hegel e Marx. Esses cursos me permitiriam fazer bom uso de minha formação como aluna de Herbert Marcuse e Theodor Adorno. Mas eu também estava profundamente interessada no surgimento dos estudos negros – na UCLA, o Centro de Estudos Afro-Estadunidenses foi fundado pouco antes de eu ingressar no corpo docente da Filosofia – e queria que meu ensino incorporasse esses novos estudos. Naquela época, não havia um corpo de literatura disponível sobre filosofia negra nem havia um grupo significativo de especialistas em filosofia que trabalhasse com questões de raça e etnia. Consequentemente, decidi criar um curso que chamei de "temas filosóficos recorrentes na literatura negra", envolvendo a análise de textos literários de autores e autoras negros com o objetivo de identificar as principais questões filosóficas que levantavam.

---

* Frederick Douglass, *Narrativa da vida de Frederik Douglass e outros textos* (trad. Odorico Leal, São Paulo, Companhia das Letras, 2021). (N. E.)

** G. W. Friedrich Hegel, *Fenomenologia do espírito* (trad. Paulo Meneses, Karl-Heinz Efken e José Nogueira Machado, 9. ed., Petrópolis, Vozes, 2014). (N. E.)

*** Publicado em *Black Scholar*, v. 3, n. 4, Oakland, Black World Foundation, dez. 1971. (N. E.)

A questão abrangente que considerei no curso foi a da libertação. Pretendia pensar a libertação tanto em termos filosóficos amplos quanto na forma como o tema da libertação está inserido na história literária negra na América do Norte. Embora os eventos atuais estivessem além do escopo do curso, eu esperava que a turma de estudantes tomasse nota dos amplos engajamentos com teorias e práticas de libertação nos círculos do movimento. Afinal, era 1969, apenas um ano e meio desde o assassinato de dr. Martin Luther King, que reacendeu a discussão popular e a organização em torno de estratégias de libertação. A luta interna dentro do movimento da juventude negra colocou nacionalistas culturais contra socialistas e internacionalistas, e fazia pouco menos de um ano desde que os líderes dos Panteras Negras John Huggins e Bunchy Carter haviam sido mortos por membros da associação cultural nacionalista conhecida como US Organization durante uma assembleia da União Estudantil Negra no *campus* da UCLA. Além disso, eu mesma estava sob intensa pressão política desde que o governador da Califórnia, Ronald Reagan, e os reitores da Universidade da Califórnia haviam anunciado, pouco antes de eu começar a lecionar, que estavam me demitindo por causa de minha filiação ao Partido Comunista dos Estados Unidos. Lecionei o curso sobre filosofia e literatura negras enquanto aguardava e acabei por receber a decisão judicial proibindo os reitores de me demitirem com base em minha afiliação política.

Devo salientar que, embora não tenha havido incorporação formal de análises de gênero em meus primeiros cursos, minhas experiências como ativista envolveram intensas lutas em torno do papel das mulheres em organizações comunitárias negras como o Comitê de Coordenação Estudantil Não Violenta e o Partido dos Panteras Negras. A estrutura patriarcal e cultural nacionalista da US Organization não deixava espaço para contestação. Além disso, fui pessoalmente atacada por alguns membros da comunidade que achavam que, pelo fato de ser mulher, eu não merecia assumir uma posição de liderança.

A abordagem da questão da libertação que busquei em "temas filosóficos recorrentes na literatura negra" estabeleceu vínculos entre as compreensões filosóficas de liberdade e a produção cultural e as histórias da luta política negras à medida que ecoavam os esforços da época para estender e ampliar o sentido de liberdade. Haveria melhor texto para começar que a autobiografia de Frederick Douglass? A turma acompanharia uma trajetória da escravização à liberdade que os ajudaria a apreender melhor a natureza da liberdade forjada por aqueles que se envolveram mais visceralmente na luta pela libertação. As duas primeiras aulas – baseadas em transcrições grosseiras de minhas observações, que se referiam à autobiografia posterior, *A vida e a época de Frederik*

Douglass escritas por ele mesmo* — acompanham essa edição de *Narrative* e são publicadas aqui na forma como circularam em 1970, depois que fui presa sob a acusação de assassinato, sequestro e conspiração, incluindo uma contundente carta de apoio de membros do corpo docente da UCLA. Quando ministrei esse curso, não sabia que menos de um ano depois estaria na prisão aguardando julgamento por três acusações capitais.

Assim como projetei um curso que refletia a influência dos movimentos coléricos pela libertação negra – e pela libertação de todas as comunidades racialmente oprimidas –, meu primeiro artigo publicado e minha primeira conferência foram diretamente influenciados por minhas experiências no movimento. Escrevi "O papel da mulher negra" como resposta à popularização do relatório Moynihan** entre homens (e mulheres) negros nos círculos do movimento.

Por que menciono isso? Porque acho que todos nós deveríamos falar sobre a produção de conhecimento que faz a diferença.

Esta conferência atesta o fato de que percorremos um longo caminho, mas ainda temos um longo caminho a percorrer.

A demanda por estudos sobre mulheres, assim como a demanda por estudos sobre pessoas negras, estudos *chicanos*/latinos, asiático-estadunidenses, sobre povos originários, está ligada a uma busca maior por igualdade, justiça e liberdade.

Não estamos interessadas em raça e gênero (nem em classe, sexualidade e deficiência) em si, mas principalmente no fato de que essas categorias têm sido reconhecidas como condições para hierarquias de poder, a fim de podermos transformá-las em vetores entrelaçados da luta pela liberdade.

Quando nos identificamos com o feminismo, queremos dizer novas epistemologias, novas formas de produzir conhecimento e transformar as relações sociais.

Como estudiosas e ativistas, percebemos que as categorias sempre ficam aquém das realidades sociais que tentam representar, e as realidades sociais sempre excedem as categorias que tentam contê-las.

---

* Frederik Douglass, *A vida e a época de Frederik Douglass escritas por ele mesmo* (trad. Rogério Galindo, São Paulo, Carambaia, 2022). (N. E.)

** Nome pelo qual ficou conhecido o estudo "The Negro Family: The Case for National Action" [A família negra: argumentos para uma ação nacional], encomendado pelo Departamento de Trabalho dos Estados Unidos ao político e sociólogo Daniel Moynihan. O relatório aponta como causa das condições de vida precárias de grande parte da população negra o fato de muitas mulheres chefiarem as famílias, tornando o homem negro "obsoleto". Essa visão foi criticada nos meios acadêmicos progressistas por adotar os padrões culturais das famílias brancas para analisar as famílias negras e por suas conclusões racistas e sexistas. (N. T.)

É por isso que continuamos mudando nosso vocabulário.

Levo a categoria "liberdade" muito a sério e percebo quanto temos de avançar antes de podermos dizer que realmente mudamos o terreno da liberdade, ainda mais quando uma jovem estudante do ensino médio é estuprada por uma gangue e a reação mais difundida não é *por que os espectadores não intervieram e impediram a agressão*, e sim *por que não chamaram a polícia*.

Percebo quanto temos de avançar quando considero que o Projeto de Lei de Saúde que acaba de ser aprovado pela Câmara restringe severamente o financiamento federal para procedimentos de aborto, ou seja, nenhum financiamento para abortos, exceto nos casos de estupro, incesto e quando a vida da mãe estiver ameaçada. Lembremos que a Emenda Hyde foi aprovada no mesmo ano em que a NWSA foi fundada. Além disso, qualquer família de quatro pessoas que ganhe 88 mil dólares por ano ou menos e receba um subsídio do governo federal fica proibida de comprar um seguro de saúde que cubra abortos. Quem vocês acham que vai sofrer com isso?

Lutamos as mesmas batalhas repetidas vezes. Elas nunca são eternamente vencidas, mas no processo de lutarmos em conjunto, em comunidade, aprendemos a vislumbrar novas possibilidades que, de outra forma, nunca se tornariam aparentes para nós e, nesse mesmo processo, expandimos e ampliamos nossa própria noção de liberdade.

SOBRE OS AUTORES

ANGELA Y. DAVIS

Por seu ativismo e sua erudição, Angela Davis está há décadas profundamente envolvida na busca por justiça social nos Estados Unidos. Seu trabalho como educadora – tanto no nível universitário quanto na esfera pública como um todo – sempre enfatizou a importância de construir comunidades de luta pela igualdade econômica, racial e de gênero.

A carreira docente da professora Davis levou-a para a Universidade Estadual de São Francisco, a Mills College e a Universidade da Califórnia em Berkeley. Ela também lecionou na Universidade da Califórnia em Los Angeles, na Vassar College, na Claremont College e na Universidade de Stanford, além dos anos passados na Universidade da Califórnia em Santa Cruz, onde se tornou professora emérita de história da consciência, um programa de doutorado interdisciplinar e de estudos feministas.

Angela Davis é autora de mais de uma dezena de livros e deu palestras nos Estados Unidos, na Europa, na África, na Ásia, na Austrália e na América do Sul. Um tema persistente de seu trabalho tem sido o conjunto de problemas sociais associados ao encarceramento e à criminalização generalizada das comunidades mais afetadas pela pobreza e pela discriminação racial. Ela parte de suas próprias vivências no início dos anos 1970, quando passou dezoito meses na prisão e em processo de julgamento, depois de ser colocada na lista das "dez pessoas mais procuradas" pelo FBI. Ela também realizou uma extensa pesquisa sobre inúmeras questões relacionadas a raça, gênero e encarceramento. Entre seus livros traduzidos para o português, destacam-se: *Mulheres, raça e classe* (2016); *Mulheres, cultura e política* (2017); *A liberdade é uma luta constante* (2018); *Uma autobiografia* (2019); e, com Naomi Klein, *Construindo movimentos: uma conversa em tempos de pandemia* (e-book, 2020), todos publicados pela Boitempo.

Angela Davis integra o conselho executivo do Women of Color Resource Center, organização sediada na região da baía de São Francisco e voltada para a educação popular de e sobre mulheres que vivem em condições de pobreza. Ela também trabalha com a Justice Now, que presta assistência jurídica a mulheres na prisão e milita pela defesa da abolição prisional como principal estratégia para enfrentar os problemas sociais. Internacionalmente, Davis é afiliada à Sisters Inside, organização similar com sede em Queensland, Austrália.

Como profissional da educação, a professora Davis preocupa-se principalmente com a tendência geral de destinar mais recursos e atenção ao sistema prisional que às instituições educacionais. Ao ajudar a popularizar a noção de "complexo industrial-prisional", ela tem convidado o público a refletir seriamente sobre a possibilidade de um mundo futuro sem prisões e construir um movimento abolicionista do século XXI.

ROBIN D. G. KELLEY

O professor Kelley é docente de história e estudos étnicos e dos Estados Unidos na Universidade do Sul da Califórnia. De 2003 a 2006, foi professor da cátedra William B. Ransford de estudos culturais e históricos na Universidade Columbia. De 1994 a 2003, foi professor de história e estudos africanos na Universidade de Nova York e atuou como presidente do departamento de história da instituição em 2002 e 2003. Um dos mais jovens professores titulares em uma disciplina acadêmica plena, tendo alcançado esse posto aos 32 anos, Kelley passou a maior parte de sua carreira explorando a história estadunidense e afro-estadunidense com ênfase particular na cultura musical, incluindo *jazz* e *hip-hop*. Kelley também é autor de vários livros, entre eles *Africa Speaks, America Answers: Modern Jazz in Revolutionary Times* e *Thelonious Monk: The Life and Times of an American Original*.

Ato realizado em São Paulo, em 6 de outubro de 2016, com mães dos assassinados no Carandiru.

Publicado no Brasil em outubro 2022, quando o massacre do Carandiru completa trinta anos e muitas das famílias afetadas ainda aguardam justiça, ao passo que os responsáveis permanecem impunes, este livro foi composto em Adobe Garamond Pro, corpo 11,5/15,5, e impresso em papel Pólen Soft 80 g/m² pela gráfica Rettec, para a Boitempo, com tiragem de 8 mil exemplares.

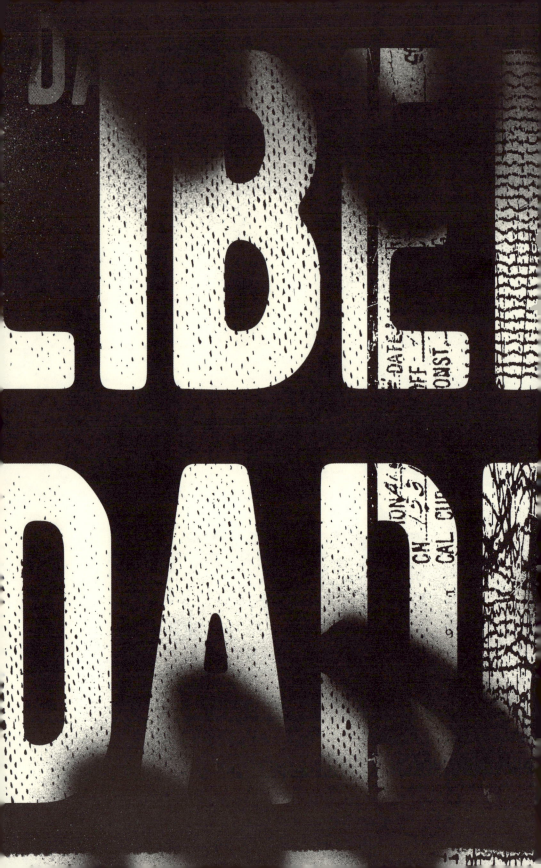